69 Rude Word Wordsearch Puzzles

For Broadminded Adults

Puzzle Book Heroes

69 Rude Word Wordsearch Puzzles

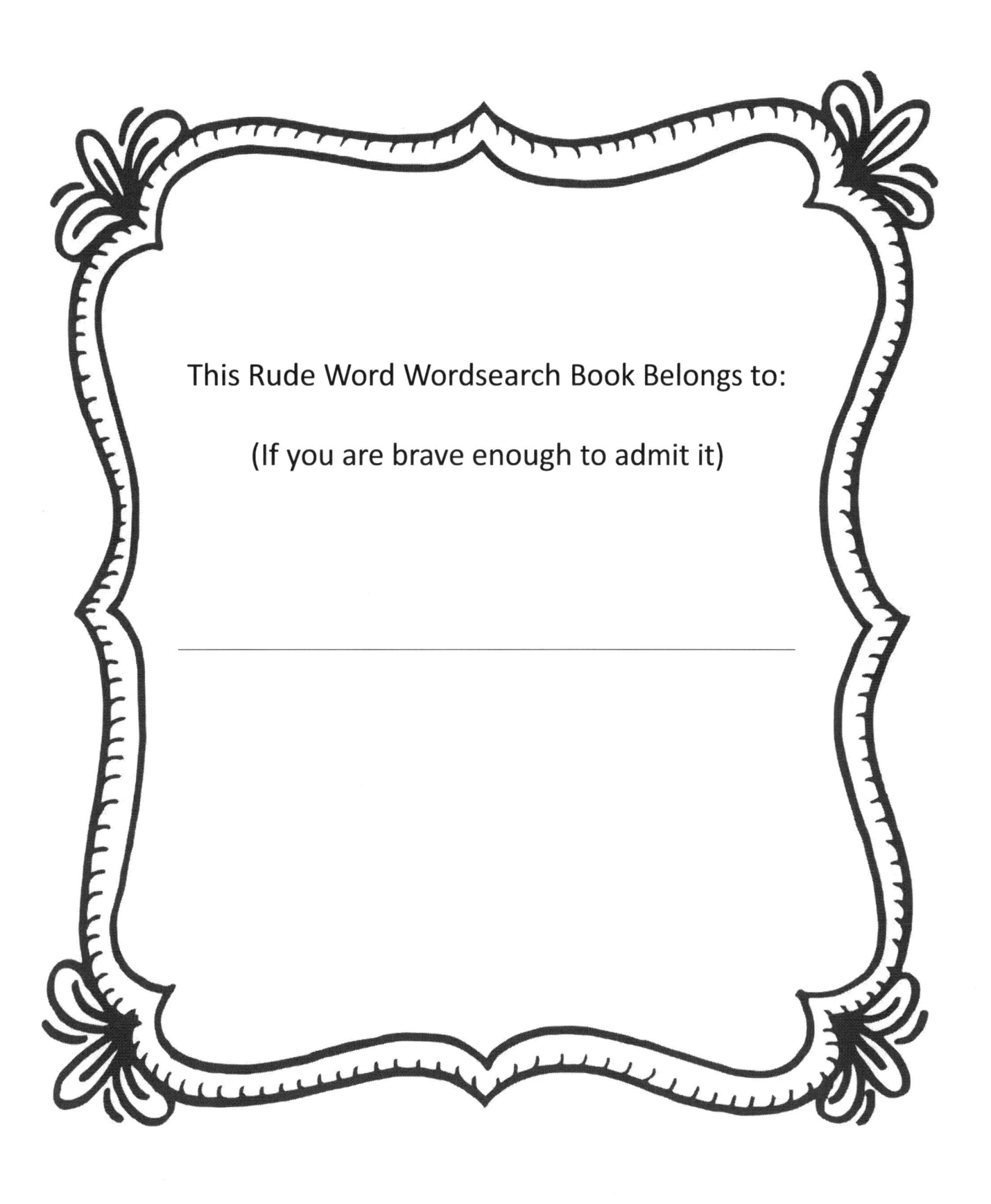

This Rude Word Wordsearch Book Belongs to:

(If you are brave enough to admit it)

_____

69 Rude Word Wordsearch Puzzles

Welcome to my Rude Word Wordsearch Book!

Thank you for buying my book and I really hope you enjoy it.

I don't mind telling you, it wasn't east to find 690 rude words to fill the puzzles. I researched extensively and came up with lots of words and tried not to use any twice but if you find any duplicates, I'm sorry, please try to ignore them.

I also tried to use rude, but not offensive words.

Yes, some words in the puzzles are very rude but I tried not to use words that would offend anyone, or any groups, by describing offensive acts or name calling. If any crept in, I would ask you forgive them.

I also used 20 words that seem offensive but really aren't.
If you're up for it, try to spot them. Google them if you like, but make sure you do it in a private window, just in case!!

If you liked the book, please consider leaving a review on Amazon. It would really help me.

Enjoy the rudeness!

Puzzle Book Heroes

69 Rude Word Wordsearch Puzzles

The Puzzles

Prepare yourself, it ain't pretty

I hope you are broadminded ....

69 Rude Word Wordsearch Puzzles

Puzzle 1

Word list:
- Anus
- Bosoms
- Clitface
- Dickface
- Doggy Entry
- Fellatio
- Knobrot
- Nipples
- Spadge
- Throating

I	L	A	E	Z	B	L	T	B	C	J	W	B	T	G	H
A	N	R	W	P	D	J	J	H	T	C	O	G	K	I	F
F	T	O	R	B	O	N	K	V	W	S	Z	T	L	V	Q
H	S	E	L	P	P	I	N	E	O	I	Q	C	F	N	L
J	R	B	B	R	W	F	W	M	C	V	F	X	J	X	U
S	P	A	D	G	E	E	S	N	D	R	H	N	R	X	O
J	Z	I	O	D	F	E	L	L	A	T	I	O	S	X	K
L	U	D	V	A	Y	R	T	N	E	Y	G	G	O	D	T
Q	M	N	M	V	S	M	Q	O	J	X	X	J	E	C	D
H	W	J	E	B	V	U	P	A	I	X	B	H	C	C	C
D	D	T	U	H	Z	F	N	B	P	A	C	B	A	U	E
H	N	E	R	X	C	U	Q	A	A	A	J	J	F	P	D
X	K	T	H	L	U	F	O	R	P	P	P	X	K	P	K
P	C	R	J	S	E	C	A	F	T	I	L	C	C	V	U
A	G	N	I	T	A	O	R	H	T	K	E	P	I	F	C
C	N	J	C	L	R	H	P	H	O	Q	I	F	D	N	C

Puzzle 2

Word list:
- Coital
- Crotchjockey
- Cumguzzler
- Cuntsucker
- Dipshit
- Humping
- Jerkoff
- Minge
- Randy
- Shitface

V	W	S	H	I	T	F	A	C	E	K	P	A	U	B	G
T	R	R	R	T	R	V	A	F	T	I	G	B	C	I	N
M	O	X	W	L	D	Q	C	J	L	N	W	I	R	R	I
K	K	A	U	H	U	L	O	O	E	N	Z	U	Z	U	P
E	H	Y	F	D	S	K	I	Q	T	R	X	O	K	K	M
W	X	E	O	I	M	J	T	E	F	Z	K	I	J	N	U
H	B	K	O	P	O	I	A	B	U	E	U	O	S	D	H
A	F	C	G	S	P	K	L	Z	L	O	T	R	F	K	U
Z	T	O	E	H	C	X	X	Q	H	O	M	T	I	F	R
I	T	J	W	I	R	A	N	D	Y	G	H	G	C	N	L
Z	H	H	W	T	R	E	K	C	U	S	T	N	U	C	U
O	F	C	H	Q	I	O	M	S	P	B	L	W	K	V	R
T	H	T	M	N	M	P	G	E	G	N	I	M	J	M	U
H	H	O	Z	E	I	X	H	X	S	J	O	U	T	G	J
R	X	R	F	T	L	D	T	C	B	A	P	A	R	T	D
A	B	C	O	J	C	U	M	G	U	Z	Z	L	E	R	H

Puzzle 3

Bullcrap

Coitus

Douchebag

Fingerfuck

Libido

Phonesexer

Rusty Trombone

Sexually

Shaved

Sod Off

S	Q	F	I	N	G	E	R	F	U	C	K	P	F	O	Z
H	N	D	M	D	P	L	E	C	B	Q	C	V	J	G	W
K	R	R	P	L	H	U	I	L	O	B	J	S	Q	A	W
C	C	X	Z	O	O	N	B	A	D	I	X	E	H	B	M
P	C	G	G	F	N	H	O	A	H	A	T	K	B	E	R
T	V	Q	J	A	E	N	K	H	B	M	P	U	K	H	S
U	T	D	T	V	S	M	I	R	Z	C	U	K	S	C	H
K	A	E	S	A	E	W	B	B	G	T	C	Z	I	U	A
J	F	V	K	S	X	J	U	Y	K	P	V	Z	L	O	I
J	F	A	E	H	E	D	L	G	Z	G	G	F	Q	D	H
K	O	H	N	B	R	L	L	R	Q	B	D	N	J	O	H
L	D	S	C	I	A	O	C	T	F	P	W	G	Z	C	Z
Z	O	L	X	U	O	P	R	D	W	P	R	H	X	O	A
G	S	N	X	A	J	X	A	Z	L	I	B	I	D	O	W
O	J	E	A	H	U	M	P	A	X	K	S	H	T	W	E
V	S	P	E	N	O	B	M	O	R	T	Y	T	S	U	R

Puzzle 4

Doggiestyle

Footfucker

Fuckbrain

Get Wood

Hand Job

Knob

Prick

Queef

Rump

Willy

E	W	W	R	A	J	O	O	I	T	F	E	D	M	H	R
J	L	T	W	D	D	C	G	R	Q	F	R	B	M	B	L
R	A	Y	D	I	Q	A	G	M	J	D	N	Z	O	M	X
T	N	K	T	P	L	W	V	X	P	S	X	N	K	Z	X
R	C	M	P	S	K	L	K	U	J	M	K	D	X	U	M
E	O	J	R	X	E	C	Y	L	D	O	O	W	T	E	G
K	E	T	M	D	R	I	I	Q	K	O	Q	H	K	C	H
C	S	Z	E	H	G	E	G	R	K	X	A	X	H	R	A
U	A	P	H	M	E	X	S	G	P	T	R	J	T	X	N
F	D	F	Z	O	F	D	H	O	O	C	U	M	U	H	D
T	Q	Z	E	F	U	W	U	C	X	D	M	N	W	D	J
O	V	O	H	F	D	L	B	C	A	U	P	N	U	L	O
O	H	W	B	Q	U	E	E	F	X	H	X	T	O	A	B
F	J	H	N	X	V	I	Q	Z	O	O	L	Z	W	J	K
G	K	V	A	A	P	T	T	S	I	T	X	F	P	G	F
P	R	S	N	D	V	N	I	A	R	B	K	C	U	F	R

Puzzle 5

Blow Job
Camslut
Cumfest
Erotic
Goddamnit
Group Sex
Scrotum
Taboo
Titlicker
Titroll

F	F	D	N	T	N	Q	T	U	L	S	M	A	C	L	A
T	H	G	A	A	I	H	K	D	M	S	J	P	G	H	U
G	F	M	O	Q	D	T	S	G	N	G	F	J	S	A	J
R	O	F	P	M	S	O	R	H	T	T	V	B	A	Q	F
O	W	J	I	H	S	X	R	O	N	A	O	K	L	Q	S
U	K	G	S	F	V	M	I	T	L	J	B	U	B	F	T
P	M	U	V	E	T	B	I	B	W	L	E	O	M	S	P
S	T	P	P	H	O	T	M	O	E	F	B	T	O	L	T
E	D	S	F	D	L	G	L	A	X	M	A	R	E	Z	J
X	L	A	E	I	Q	B	R	I	D	J	A	L	W	L	O
A	E	W	C	F	F	T	I	N	M	A	D	D	O	G	F
K	V	K	M	P	M	E	R	O	T	I	C	E	P	I	I
P	E	R	Z	I	M	U	V	X	N	C	M	Z	R	T	F
R	L	O	H	H	G	W	C	M	S	D	X	L	D	M	E
S	C	R	O	T	U	M	A	C	H	R	W	F	A	Q	L
R	Z	K	S	J	H	N	F	H	Z	A	W	D	N	A	T

Puzzle 6

Aholehole
Blonde Action
Fingerfucker
Fornicate
Fuckbag
Rimming
S&M
Titfucker
Wet Dream
Yellow Showers

M	K	T	N	O	I	T	C	A	E	D	N	O	L	B	R
T	N	G	L	H	A	Z	N	A	S	W	A	B	M	V	J
Y	E	L	L	O	W	S	H	O	W	E	R	S	R	X	F
B	E	G	X	D	Q	T	N	J	N	N	M	Z	M	P	L
V	J	Q	Q	C	F	G	B	X	B	E	S	Q	R	&	O
V	Z	B	H	T	F	I	E	M	A	Z	S	H	S	K	S
R	E	K	C	U	F	R	E	G	N	I	F	S	C	S	Z
O	K	H	V	K	Z	F	O	R	N	I	C	A	T	E	T
R	B	M	V	G	C	T	I	T	F	U	C	K	E	R	B
H	O	A	M	N	T	J	V	X	G	U	S	X	U	O	B
P	E	B	Z	I	A	H	O	L	E	H	O	L	E	C	B
L	V	X	S	M	W	E	T	D	R	E	A	M	C	R	N
D	X	C	P	M	B	D	S	Q	G	N	G	G	W	E	K
E	H	A	S	I	I	T	F	U	C	K	B	A	G	D	L
H	A	Q	O	R	A	C	F	L	S	I	M	R	R	X	P
M	O	G	C	G	R	I	W	S	W	W	O	B	O	C	H

Puzzle 7

Ass

Asscracker

Ball Kicking

Big Breasts

Excrement

Fuckhead

Nunnie

Rosebuds

Shitty

Splooge

H	W	S	F	A	A	R	H	T	X	V	F	Q	Z	F	F
S	C	O	X	S	X	M	Z	F	Q	K	I	C	K	J	L
L	P	T	F	S	T	I	H	H	J	B	D	E	T	G	F
C	E	P	J	C	D	T	A	Q	W	A	Y	P	W	H	M
E	M	B	T	R	E	K	T	F	I	L	T	C	O	K	Q
O	A	B	N	A	X	L	F	Z	D	L	T	D	Z	A	H
A	V	K	F	C	C	N	U	J	E	K	I	M	X	S	G
U	S	Z	W	K	R	U	C	O	G	I	H	H	O	T	C
H	B	S	Q	E	E	H	K	A	O	C	S	I	O	S	U
P	K	C	N	R	M	Z	H	W	O	K	X	F	O	A	U
Q	W	S	U	S	E	S	E	R	L	I	K	O	P	E	X
S	G	D	N	P	N	O	A	O	P	N	F	H	S	R	Z
H	E	L	N	N	T	T	D	E	S	G	D	N	C	B	D
Q	W	E	I	N	W	J	V	K	G	G	A	U	J	G	H
K	H	D	E	Q	R	O	S	E	B	U	D	S	K	I	R
R	D	G	H	J	X	K	F	C	W	X	N	U	J	B	Q

Puzzle 8

Cockrider

Coochie

Crapper

Gooch

Make Me Come

Masturbating

Porn

Vajayjay

Wankapin

Wild Sex

G	M	M	E	K	F	W	J	D	Q	E	H	J	I	J	J
P	E	A	R	Q	S	X	S	K	J	S	E	G	B	W	R
D	M	S	B	O	U	R	S	M	P	O	F	D	J	R	K
B	O	T	Z	P	I	E	G	D	T	L	W	N	E	X	G
M	C	U	P	A	B	D	N	V	D	S	O	P	E	E	K
L	E	R	I	L	R	I	I	X	G	D	P	S	V	G	Z
M	M	B	X	I	I	R	P	Q	O	A	D	G	F	Q	N
R	E	A	V	P	U	K	A	U	R	L	X	A	C	I	M
O	K	T	B	W	T	C	K	C	I	E	R	D	M	T	D
W	A	I	U	G	O	O	N	W	W	L	L	F	U	P	K
K	M	N	M	I	S	C	A	A	O	K	P	I	K	O	C
I	B	G	J	E	F	X	W	Z	O	T	Z	L	S	R	H
E	G	L	M	H	V	E	A	G	T	U	M	O	H	N	M
W	C	O	O	C	H	I	E	B	D	O	T	I	B	X	M
T	B	S	O	H	C	O	O	G	M	L	J	Q	H	H	X
G	N	G	Y	A	J	Y	A	J	A	V	R	N	E	N	I

Puzzle 9

- Cocks
- Crotchrot
- Cumqueen
- Cuntass
- Cuntfuck
- Fister
- Hooker
- Pindick
- Pussypounder
- Sextoys

V	C	S	W	D	K	S	E	R	Z	O	N	K	D	M	B
T	U	U	F	K	C	I	D	N	I	P	O	X	R	G	G
L	N	P	N	Q	S	K	C	O	C	T	Q	O	E	O	Q
Z	T	D	F	I	G	H	G	C	L	O	Z	E	T	S	U
V	A	F	F	I	T	T	K	Q	K	O	X	V	S	B	Q
H	S	W	C	Z	H	O	O	K	E	R	N	R	I	J	I
T	S	V	U	E	K	R	I	M	Z	A	G	I	F	A	S
T	Q	I	M	H	M	H	N	B	V	W	F	H	E	J	S
T	P	I	Q	G	V	C	H	K	R	S	L	D	F	D	E
O	J	E	U	W	U	T	W	I	C	Z	K	U	J	U	X
N	E	V	E	J	K	O	C	M	D	U	E	K	G	Z	T
P	D	C	E	J	S	R	Q	U	L	A	F	O	J	N	O
D	U	A	N	C	O	C	C	V	C	C	O	T	C	L	Y
Q	E	Z	I	L	E	T	A	M	M	W	X	Q	N	J	S
P	U	S	S	Y	P	O	U	N	D	E	R	F	K	U	H
U	S	M	Q	O	F	D	D	B	C	A	U	N	U	T	C

Puzzle 10

- Bigbutt
- Bint
- Bum Bailiff
- Herpes
- Lovegun
- Nudger
- Poopchute
- Pornography
- Titjob
- Vagina

U	F	E	U	A	C	V	L	T	T	C	C	O	D	K	R
V	K	N	A	N	V	E	N	P	I	Q	X	F	S	L	T
W	V	Q	A	H	U	L	Z	O	T	U	E	F	F	I	D
E	C	Q	K	V	P	H	R	O	J	J	X	I	N	H	D
V	L	C	X	F	J	V	I	P	O	P	U	L	U	M	N
C	Q	T	P	W	S	I	T	C	B	A	R	I	D	I	O
S	O	F	M	O	E	J	T	H	T	N	M	A	G	G	M
O	H	J	K	C	A	B	U	U	N	I	T	B	E	K	H
L	J	O	X	Z	I	K	B	T	Q	G	M	M	R	T	E
O	M	S	M	N	R	U	G	E	Z	A	M	U	J	I	R
V	Q	X	T	X	O	B	I	V	Z	V	Q	B	M	E	P
E	G	M	Z	M	T	K	B	K	W	N	J	D	M	H	E
G	A	P	A	S	P	M	S	A	O	A	U	D	I	N	S
U	M	W	U	K	F	A	M	H	O	C	A	Q	K	L	E
N	C	O	G	O	I	N	D	L	A	X	C	B	D	E	A
P	O	R	N	O	G	R	A	P	H	Y	B	F	X	I	S

Puzzle 11

Asshat
Auto Erotic
Blow Me
Clamdigger
Diddle
Dominatrix
Felatio
Hymen
Peepshow
Punani

F	N	M	E	D	N	C	K	Q	O	C	T	G	X	F	Z
E	V	R	W	O	F	P	N	Q	I	W	H	F	V	U	Q
Z	C	A	S	V	L	J	Q	G	W	B	R	E	E	X	L
E	A	R	L	Z	O	Z	T	O	O	H	X	L	Q	I	Z
N	R	U	W	L	P	M	A	F	W	K	D	A	L	R	G
C	I	T	O	R	E	O	T	U	A	D	L	T	D	F	D
J	I	H	T	T	Q	P	I	F	I	L	W	I	T	O	O
L	M	P	E	D	T	F	U	D	P	Q	J	O	B	T	M
C	B	E	F	N	C	A	G	N	V	E	W	J	O	A	I
O	X	E	D	S	F	X	S	C	A	S	M	C	R	H	N
N	U	P	O	M	J	P	E	U	P	N	U	K	W	S	A
O	D	S	A	O	Z	A	T	B	M	X	I	A	T	S	T
R	A	H	U	L	C	N	E	M	Y	H	M	Z	K	A	R
D	K	O	E	E	M	W	O	L	B	E	G	H	U	X	I
S	B	W	E	O	R	T	T	G	A	W	O	I	M	G	X
R	C	C	T	C	L	A	M	D	I	G	G	E	R	W	N

Puzzle 12

Brown Showers
Crabs
Cunnilingus
Frotting
Kooch
Male Squirting
Milf
Prince Albert
Smackthemonkey
Uptheass

C	S	C	S	I	G	J	O	Q	S	X	V	S	T	I	S
S	M	U	E	T	A	W	H	G	M	G	F	R	R	R	B
G	A	N	Z	K	F	B	W	B	Z	R	K	E	E	X	E
N	C	N	H	O	D	A	W	I	O	K	N	W	B	I	N
I	K	I	U	O	L	T	B	T	X	A	V	O	L	S	I
T	T	L	Z	C	D	Q	T	I	I	R	W	H	A	S	I
R	H	I	E	H	H	I	O	K	W	H	X	S	E	A	U
I	E	N	K	K	N	T	V	F	O	X	W	N	C	E	T
U	M	G	T	G	B	D	D	M	E	W	W	W	N	H	X
Q	O	U	O	P	I	F	S	B	A	R	C	O	I	T	E
S	N	S	Q	L	Z	M	T	T	R	W	J	R	R	P	P
E	K	I	Z	J	M	Q	F	L	I	M	X	B	P	U	L
L	E	R	O	J	T	L	U	Z	L	O	J	I	J	L	F
A	Y	R	A	U	L	J	S	U	B	X	P	J	S	E	O
M	N	G	C	X	E	V	K	L	F	V	D	B	B	U	U
Q	F	T	I	X	L	D	M	E	D	C	H	R	W	N	A

Puzzle 13

Barenaked
Doggie Style
Foreskin
Futanari
Intercourse
Jizz
Minger
Semen
Shithole
Twinkie

H	A	P	T	E	T	Q	T	T	E	F	F	J	E	S	G
I	F	V	X	U	L	K	C	A	V	A	O	L	U	R	S
N	Q	U	N	K	R	O	Q	Z	Q	O	Y	M	E	G	Z
T	N	K	I	L	M	L	H	W	B	T	G	G	B	I	Z
P	A	I	U	P	U	P	F	T	S	M	N	A	A	Q	M
I	N	O	K	A	F	Z	F	E	I	I	O	A	R	I	G
R	M	X	V	S	Q	I	I	W	M	H	Q	N	E	U	J
A	K	N	D	O	E	G	X	N	S	S	S	J	N	J	L
N	T	B	O	F	G	R	G	D	I	L	Z	K	A	F	E
A	Q	Q	Z	O	R	Q	O	P	T	G	M	B	K	W	I
T	G	Q	D	V	D	N	I	F	S	T	B	P	E	S	K
U	F	W	J	I	Q	V	V	J	N	W	I	F	D	P	N
F	N	K	Z	Z	I	J	T	P	E	O	G	W	Z	D	I
F	E	M	Q	G	B	L	H	U	M	K	Z	P	F	S	W
A	A	E	S	R	U	O	C	R	E	T	N	I	R	H	T
N	H	C	V	S	O	P	F	T	S	W	L	J	O	T	K

Puzzle 14

Booty Call
Bumfiddler
Dick Milk
Dumshit
Feltching
Footjob
Penis
Poontang
Raging Boner
Wanker

O	K	G	N	A	T	N	O	O	P	R	V	L	F	O	I
B	L	C	V	X	Z	K	U	E	D	C	K	C	W	D	O
Q	L	L	R	O	E	O	W	W	I	U	T	X	R	I	P
E	A	F	R	E	O	C	K	T	D	Z	B	V	E	C	D
H	C	E	C	A	L	M	B	T	Z	Z	T	B	N	K	Q
X	Y	L	B	B	L	D	V	R	U	H	X	A	O	M	L
P	T	T	F	W	X	I	D	A	C	O	X	K	B	I	C
W	O	C	K	K	J	W	J	I	J	I	F	E	G	L	Z
F	O	H	C	N	T	M	A	E	F	K	P	J	N	K	N
D	B	I	B	V	I	Z	I	N	N	M	H	W	I	M	L
Q	H	N	L	G	H	N	K	W	K	U	U	N	G	N	K
V	O	G	D	P	S	F	R	F	I	E	S	B	A	N	T
G	P	Z	D	S	M	D	H	D	B	I	R	J	R	O	O
J	U	G	C	S	U	J	R	R	N	I	T	N	U	E	R
L	A	T	B	G	D	X	V	E	D	U	P	Z	W	G	X
K	T	O	D	Z	O	W	P	F	O	O	T	J	O	B	B

Puzzle 15

Clatterfart
Clit Licker
Cum
Doggyposition
Freaking
Headfuck
Muffdive
Pimp
Ribbed
Shaved Beaver

I	J	F	I	S	N	E	P	L	O	I	T	W	Q	B	E
E	C	D	W	D	Q	J	N	N	W	Q	Q	W	E	A	L
V	Z	Z	K	O	O	H	O	S	P	V	D	O	S	G	N
I	L	U	C	C	X	I	I	C	J	I	E	Q	H	P	R
D	R	W	U	G	C	E	T	Z	N	R	M	N	A	O	K
F	F	U	F	I	U	N	I	Z	V	E	N	P	V	D	O
F	F	U	D	E	M	G	S	G	I	K	G	O	E	X	R
U	M	S	A	L	O	M	O	X	R	C	N	V	D	O	Z
M	Z	P	E	E	A	C	P	Z	C	I	I	O	B	O	H
K	V	E	H	O	G	N	Y	T	H	L	K	C	E	P	T
C	J	D	Q	P	R	A	G	W	P	T	A	M	A	K	O
H	X	D	O	Z	W	O	G	K	V	I	E	N	V	D	O
M	U	E	V	I	L	M	O	V	G	L	R	Z	E	W	X
C	Z	F	V	Z	L	I	D	I	S	C	F	H	R	U	P
G	T	R	A	F	R	E	T	T	A	L	C	P	L	C	L
W	Z	U	C	K	Z	D	E	B	B	I	R	H	S	V	L

Puzzle 16

Balls
Dolcett
Dommes
Footfuck
Fuck Buttons
Pubis
Sexy
Shaved Pussy
Sixtynine
Skankwhore

U	B	A	T	G	N	N	B	G	E	D	L	X	B	E	E
R	O	O	F	I	F	C	K	K	O	N	B	X	O	B	Q
X	W	L	N	A	B	N	M	M	H	A	E	A	I	I	K
Z	R	P	V	S	K	S	M	M	L	X	S	W	D	S	C
D	P	D	A	K	A	E	M	L	A	O	A	Y	O	S	U
T	F	E	I	A	S	N	S	H	Z	B	P	S	L	N	F
K	E	N	I	N	Y	T	X	I	S	U	T	S	C	O	T
C	N	O	A	K	D	V	M	L	B	X	P	U	E	T	O
O	V	O	A	W	A	D	G	I	R	X	A	P	T	T	O
C	R	H	E	H	V	T	S	Z	H	F	X	D	T	U	F
M	D	F	T	O	Z	J	G	M	X	Z	A	E	G	B	B
F	B	K	I	R	K	B	X	K	X	L	O	V	U	K	J
W	X	R	T	E	G	M	Y	W	B	P	D	A	T	C	X
K	E	E	Z	G	I	M	X	E	F	K	J	H	J	U	V
X	G	B	J	X	N	C	E	F	A	U	N	S	L	F	G
S	R	L	D	J	X	V	S	K	O	Q	K	M	Q	T	H

Puzzle 17

Bunghole
Cockchafer
Coprophilia
Dickbag
Fart
Fingerfucking
Hot Chick
Munter
Nudity
Smartarse

I	F	I	N	G	E	R	F	U	C	K	I	N	G	F	M
L	C	O	P	R	O	P	H	I	L	I	A	O	B	P	T
C	W	S	H	H	G	S	D	I	C	K	B	A	G	J	J
F	I	R	B	V	O	W	M	P	R	F	J	E	F	P	F
E	K	M	F	S	P	T	K	A	C	M	L	C	D	V	P
B	H	U	R	E	R	O	C	O	R	P	K	E	F	I	A
O	N	N	I	T	I	R	C	H	Q	T	Z	I	H	N	Q
H	W	T	M	X	S	K	J	F	I	S	A	T	R	A	F
J	A	E	H	G	C	U	X	E	T	C	M	R	K	Q	E
G	O	R	K	H	F	J	L	F	V	B	K	N	S	M	F
E	V	F	A	X	S	O	I	G	L	M	G	U	U	E	S
Z	C	F	F	R	H	H	X	S	F	N	G	D	D	H	O
G	E	V	I	G	C	C	C	G	J	W	Q	I	X	J	O
R	R	V	N	C	U	D	C	V	K	U	Z	T	R	O	P
M	K	U	O	H	J	L	P	S	H	X	A	Y	X	P	G
B	B	P	C	V	U	O	V	X	R	K	I	D	E	P	I

Puzzle 18

Big Dong
Bigass
Blue Waffle
Fanny Blower
Hardcore
Jackass
Panooch
Playgirl
Tonguethrust
Tonguetramp

Q	L	U	H	S	O	N	F	W	F	X	T	V	O	D	F
W	Q	Z	B	B	D	R	G	W	A	M	O	V	S	J	X
H	V	O	D	A	A	O	B	H	X	U	Q	I	J	L	X
O	J	A	B	T	J	H	C	O	O	N	A	P	O	Q	Q
M	A	G	A	X	D	F	G	B	F	U	S	F	G	D	E
R	C	M	A	T	S	U	R	H	T	E	U	G	N	O	T
G	K	B	T	F	A	N	N	Y	B	L	O	W	E	R	T
C	A	D	I	N	B	O	U	K	P	E	M	Q	Z	T	T
R	S	V	N	I	M	T	Z	B	I	G	A	S	S	H	Q
I	S	O	N	B	I	G	D	O	N	G	H	P	W	M	B
D	Z	O	D	B	T	B	W	Z	Q	N	I	R	H	S	E
V	B	H	A	R	D	C	O	R	E	F	U	S	F	P	M
D	A	V	A	W	S	I	T	L	R	I	G	Y	A	L	P
L	D	I	N	X	O	W	K	P	E	V	Z	C	T	T	K
B	L	U	E	W	A	F	F	L	E	W	N	T	D	M	B
U	U	D	G	M	P	M	A	R	T	E	U	G	N	O	T

Puzzle 19

- Bazongas
- Bulldyke
- Busty
- Buttcheeks
- Cocknugget
- Cunnie
- Dildo
- Fucking
- Phallic
- Titwank

P	N	S	A	G	N	O	Z	A	B	G	Q	V	Z	S	N
P	B	B	V	A	B	R	Z	U	O	F	S	S	W	X	O
Q	P	P	M	X	S	U	U	F	K	Q	A	Q	P	C	E
J	J	N	I	A	X	M	L	V	G	R	V	H	F	O	I
V	X	M	F	S	F	K	V	L	Q	S	K	B	Z	C	N
S	P	H	A	L	L	I	C	F	D	W	I	O	J	K	N
F	N	R	Y	C	O	H	Z	Z	G	Y	S	S	S	N	U
U	Z	R	T	Q	N	M	M	Q	S	K	K	Z	S	U	C
C	A	Z	S	X	D	G	S	Q	N	E	O	E	E	G	W
K	D	A	U	S	L	H	X	A	E	M	K	O	U	G	P
I	S	G	B	J	I	F	W	H	Q	E	L	Z	L	E	A
N	V	J	L	K	B	T	C	C	T	N	W	O	H	T	R
G	U	L	E	B	I	T	R	E	E	Z	G	I	F	E	F
Z	X	B	E	T	T	H	D	I	L	D	O	M	H	I	F
S	O	X	I	U	Z	O	T	H	L	K	D	E	U	Q	N
S	U	U	B	K	M	J	D	U	Q	S	H	U	V	J	W

Puzzle 20

- Babeland
- Ball Gag
- Fuck You
- Giant Cock
- Jaculate
- Muff
- Octopussy
- Skeet
- Slagger
- Topless

P	J	D	F	N	F	F	R	W	W	I	M	T	R	Q	Z
T	U	G	U	H	P	F	N	X	E	J	N	E	R	T	M
B	U	U	Z	A	W	P	U	L	K	I	H	U	O	O	D
O	O	C	V	H	R	G	O	M	M	G	V	P	Q	C	M
G	Y	G	I	A	N	T	C	O	C	K	L	F	T	T	V
O	K	P	B	U	J	E	L	B	F	E	M	Q	Z	O	D
D	C	X	G	I	M	E	E	R	S	D	B	X	B	P	D
P	U	V	P	N	O	K	L	S	E	U	C	X	I	U	L
J	F	D	Z	X	R	S	K	E	N	G	D	G	E	S	B
N	B	A	L	L	G	A	G	T	W	N	G	P	A	S	W
Z	W	O	K	O	V	M	H	A	A	M	U	A	S	Y	G
G	T	V	P	U	S	Z	C	L	F	S	H	X	L	E	F
W	N	M	Q	U	G	M	E	U	V	R	R	R	V	S	W
G	U	O	P	F	Z	B	S	C	J	N	L	J	E	J	O
X	Q	T	M	K	A	H	T	A	I	V	Z	T	P	A	A
I	R	Z	H	B	Z	O	K	J	F	P	P	I	O	Z	R

Puzzle 21

Bareback
Dumbass
Femdom
Fuckface
Git
Shiz
Sucks
Titlover
Weiner
Wetback

B	O	D	Q	Z	K	V	Z	L	R	E	N	I	E	W	J
Z	E	Z	K	Q	O	Z	O	R	N	Q	P	G	U	Z	R
F	C	D	N	C	E	J	X	I	G	X	X	M	R	R	Q
H	Q	M	D	M	A	P	R	X	R	Z	B	W	L	N	S
R	X	F	D	W	L	B	S	K	D	D	X	Q	N	L	S
E	U	B	Z	E	P	S	E	B	I	G	J	T	D	U	R
V	D	K	G	B	A	A	C	R	R	S	D	I	C	H	F
O	O	J	W	B	A	C	G	P	A	X	X	K	N	S	G
L	B	J	M	K	U	W	L	C	L	B	S	G	J	G	I
T	U	U	O	P	C	I	Q	Z	K	U	G	L	J	D	T
I	D	Q	P	J	B	A	G	V	I	S	Z	E	G	O	B
T	T	P	L	L	N	C	B	R	U	H	R	X	C	V	X
W	I	V	H	X	K	J	K	T	T	Z	S	N	O	C	L
V	E	C	A	F	K	C	U	F	E	V	S	W	P	O	F
F	C	X	Q	T	N	E	N	V	G	W	S	G	K	W	E
B	U	R	H	G	W	W	E	L	J	M	O	D	M	E	F

Puzzle 22

Areole
Breasts
Chode
Fingerbang
Knobstick
Pecker
Pussyfucker
Testicles
Titfuck
Wankjob

B	P	B	H	A	N	G	P	G	O	Q	B	S	A	A	F
S	U	Q	L	I	P	P	F	R	U	Q	H	H	D	A	A
O	B	O	X	P	U	M	U	D	Q	V	A	Z	L	S	B
G	N	A	B	R	E	G	N	I	F	W	K	Z	P	T	J
F	W	T	J	P	S	T	T	X	S	N	W	K	E	S	E
G	A	S	C	X	K	Q	A	N	O	Q	X	O	C	A	U
Z	N	K	T	A	D	N	T	B	J	Q	T	A	K	E	G
P	K	P	F	R	J	Q	S	U	O	F	R	D	E	R	E
H	J	K	K	F	D	T	S	K	T	E	W	F	R	B	K
G	O	M	U	V	I	L	F	I	O	Z	J	I	S	V	W
C	B	P	C	C	G	B	T	L	I	H	E	T	L	F	L
H	V	R	K	E	S	K	E	L	E	V	U	G	H	A	U
O	L	E	P	U	S	S	Y	F	U	C	K	E	R	B	K
D	E	E	K	C	U	F	T	I	T	Z	V	V	E	C	L
E	U	V	W	S	E	L	C	I	T	S	E	T	Z	S	C
T	A	A	Z	M	P	F	C	H	F	X	M	D	F	G	C

Puzzle 23

- Bdsm
- Beaners
- Dicklicker
- Flog The Log
- Fuckbuddy
- Grope
- Nodgecock
- Shittah
- Strap On
- Tongue In A

P	X	A	P	G	T	P	G	V	Q	F	G	F	E	V	O
X	B	W	B	A	H	L	R	T	X	B	S	K	J	M	F
B	E	L	A	C	W	N	O	N	J	C	J	A	J	Q	U
I	E	S	U	H	A	H	P	E	B	W	R	J	V	T	C
W	G	A	T	L	A	A	E	X	O	B	E	L	D	G	K
Z	L	U	N	R	U	T	C	N	I	T	K	G	K	L	B
O	A	I	E	E	A	L	T	D	I	N	C	B	C	O	U
J	K	X	F	V	R	P	Q	I	C	T	I	L	O	B	D
F	T	S	C	Z	V	S	O	V	H	M	L	Z	C	S	D
B	S	R	C	P	D	G	S	N	Z	S	K	V	E	E	Y
N	T	O	N	G	U	E	I	N	A	D	C	Z	G	L	L
F	L	O	G	T	H	E	L	O	G	H	I	U	D	T	R
O	H	U	A	W	R	I	F	H	E	L	D	Z	O	T	Z
F	B	C	B	X	R	C	E	G	M	N	X	G	N	K	C
O	H	Z	Z	N	S	K	R	U	J	F	E	I	J	C	R
L	B	D	S	M	K	R	H	S	V	D	J	F	L	O	L

Puzzle 24

- Aktashite
- Barf
- Big Knockers
- Big Titties
- Blonde On Blonde
- Boobs
- Goo Girl
- Moneyshot
- Penetration
- Phone Sex

B	L	O	N	D	E	O	N	B	L	O	N	D	E	A	M
D	C	P	B	I	G	T	I	T	T	I	E	S	I	N	T
E	B	X	Q	E	V	F	W	I	F	S	V	X	I	Z	N
W	G	O	O	G	I	R	L	T	H	L	Z	B	Q	V	O
G	C	X	M	N	G	K	F	J	B	S	F	H	D	S	I
A	K	T	A	S	H	I	T	E	A	B	E	S	K	V	T
J	K	B	H	U	R	K	T	S	R	S	R	O	P	L	A
P	J	D	N	O	O	T	Z	Q	F	E	W	H	G	P	R
L	C	C	G	J	P	J	H	P	K	F	O	Z	S	J	T
G	S	C	U	K	W	N	O	C	O	N	A	C	W	T	E
B	B	B	R	T	Z	L	O	H	E	Q	A	P	O	F	N
W	O	T	H	D	F	N	E	S	S	L	G	W	J	H	E
H	O	S	U	D	K	L	E	H	H	Z	R	O	C	C	P
K	B	X	B	G	V	X	T	T	X	A	B	A	Z	B	X
L	F	S	I	P	T	K	I	B	U	Q	R	F	I	A	X
M	N	B	M	O	N	E	Y	S	H	O	T	I	J	E	U

Puzzle 25

Assapanick
Booger
Cunt
Dangleberries
Dickslap
Fistfucked
Fucknut
Fuckwit
Lardass
Slut

F	X	S	E	I	R	R	E	B	E	L	G	N	A	D	K
V	O	X	F	L	D	E	K	C	U	F	T	S	I	F	Z
C	J	S	P	Q	H	O	X	R	C	M	S	L	V	S	W
O	R	R	E	E	Q	V	S	M	S	C	L	H	V	W	A
C	F	L	F	D	A	L	Q	E	V	D	B	I	F	S	D
N	C	Z	S	C	U	O	G	R	X	D	N	U	S	I	B
F	W	S	E	T	O	A	K	B	S	Q	C	A	M	L	U
K	B	X	Q	C	A	F	D	E	P	K	P	T	U	A	Q
T	N	U	C	M	V	H	H	T	N	A	X	F	Q	R	W
G	G	R	J	J	D	G	D	U	N	G	F	U	F	D	C
N	J	V	S	U	V	Q	T	I	I	E	V	C	N	A	B
Z	P	M	B	K	R	I	C	Q	S	H	X	K	A	S	H
O	M	O	N	B	E	K	V	I	D	F	W	W	H	S	Q
X	X	A	Q	T	E	B	K	E	S	J	V	I	D	T	C
C	U	D	I	C	K	S	L	A	P	V	W	T	Z	E	C
E	S	A	B	O	O	G	E	R	Q	E	O	L	J	W	L

Puzzle 26

Anal
Assclown
Breasty
Dickhead
Dingleberries
Ejaculate
Fucked
Fuckpig
Nsfw
Tub Girl

L	J	S	G	H	O	N	P	J	Z	D	K	B	C	V	A
O	W	E	E	N	F	A	U	O	G	V	V	R	R	J	J
D	O	E	V	T	T	R	I	W	U	F	C	E	P	F	U
M	C	F	A	I	Z	J	V	S	F	W	W	A	O	C	V
Q	D	T	S	W	L	D	R	D	R	S	F	S	B	A	C
Q	K	A	S	L	O	E	G	H	O	C	N	T	K	N	W
J	U	V	C	F	U	C	K	E	D	C	R	Y	X	H	H
S	K	K	L	N	Q	N	Q	H	W	F	Q	K	U	I	K
U	S	U	O	V	P	O	A	S	H	F	R	R	S	W	R
V	J	R	W	I	J	E	J	A	C	U	L	A	T	E	X
N	B	P	N	Z	M	P	G	L	L	R	I	G	B	U	T
E	N	V	S	E	I	R	R	E	B	E	L	G	N	I	D
U	I	O	J	N	D	A	E	H	K	C	I	D	A	L	G
X	B	B	W	E	S	Z	J	J	F	F	E	J	C	J	C
B	F	U	C	K	P	I	G	J	N	Z	T	B	I	A	A
N	A	Q	K	C	H	W	T	J	V	O	A	N	A	L	W

Puzzle 27

Boned

Cockapert

Cottaging

Crotchmonkey

Dickwad

Footlicker

Menage A Trois

Missionary

Punany

Splooge

A	M	I	A	I	T	S	J	M	G	L	J	M	C	V	G
K	B	E	A	A	P	O	S	Y	J	T	M	I	W	K	N
E	Y	Q	N	Z	E	H	W	N	N	U	F	X	T	N	I
M	E	T	S	A	M	M	I	G	F	A	G	Q	O	K	G
S	K	N	R	W	G	J	B	V	A	J	N	Q	H	H	A
E	N	S	E	E	W	E	X	W	H	O	Y	U	I	L	T
N	O	U	F	Z	P	O	A	T	P	E	R	R	P	L	T
D	M	U	P	M	B	A	N	T	P	H	A	K	F	X	O
L	H	E	L	N	A	B	K	B	R	P	N	B	P	A	C
N	C	G	H	G	M	I	O	C	N	O	O	W	U	D	V
W	T	O	Z	O	K	A	W	N	O	H	I	J	J	A	O
L	O	O	R	B	O	W	S	K	E	C	S	S	Z	W	I
N	R	L	L	G	F	M	A	I	W	D	S	E	Z	K	V
S	C	P	G	A	J	C	A	W	P	E	I	Z	F	C	G
H	B	S	I	X	L	T	W	T	A	R	M	D	J	I	S
P	F	O	O	T	L	I	C	K	E	R	J	J	W	D	X

Puzzle 28

Asslick

Gang Bang

Genital

Loverocket

Mattress mess

Panties

Sonofawhore

Tampon

Tight White

Upthebutt

T	K	T	T	U	B	E	H	T	P	U	C	G	Z	E	Q
A	X	M	A	P	O	M	O	F	X	L	M	V	A	T	F
M	O	J	A	P	H	R	W	D	D	O	U	U	P	E	U
P	P	O	F	T	N	K	B	Z	I	W	F	W	V	G	S
O	O	B	P	L	T	J	G	Q	I	K	D	T	X	J	I
N	A	G	H	U	A	R	O	A	S	S	L	I	C	K	Z
F	N	X	M	E	G	T	E	S	F	S	I	R	E	S	B
Z	S	F	N	S	M	A	E	S	N	X	G	K	Z	V	O
Q	Q	G	K	E	B	G	N	K	S	J	P	P	L	C	C
G	J	G	U	I	U	O	E	G	C	M	T	J	C	Q	M
K	Q	A	G	T	F	O	W	N	B	O	E	S	A	P	V
B	C	S	O	N	Z	L	U	J	I	A	R	S	S	H	W
F	U	T	Q	A	D	F	E	S	M	T	N	E	S	I	N
B	O	W	K	P	P	S	D	U	J	A	A	G	V	R	O
E	T	I	H	W	T	H	G	I	T	D	C	L	B	O	Q
Z	M	S	O	N	O	F	A	W	H	O	R	E	D	D	L

Puzzle 29

Buttplug
Cockblock
Cockmonkey
Creampie
Juggs
Kinky
Knobkockey
Pissing
Porno
Scissoring

O	L	B	K	Z	V	F	R	G	R	E	T	P	K	F	Q
C	F	Z	Q	V	J	W	B	T	W	V	E	I	P	U	J
E	Q	Y	U	S	X	E	M	J	J	B	A	A	Q	L	D
I	K	E	Q	Q	N	D	E	H	U	C	H	Y	Z	X	X
P	V	K	Z	E	J	G	C	T	B	J	K	E	W	V	G
M	H	N	D	L	U	I	T	J	K	U	C	K	A	G	B
A	T	O	H	Q	S	P	O	N	S	G	O	C	F	C	V
E	K	M	S	C	L	Q	B	K	P	G	C	O	P	A	F
R	C	K	E	U	G	S	P	H	I	S	K	K	O	D	E
C	V	C	G	N	A	H	O	I	S	M	B	B	R	M	U
U	W	O	R	Y	M	B	E	A	S	Z	L	O	N	P	A
V	Z	C	K	W	D	Z	M	Z	I	P	O	N	O	J	B
T	M	N	B	O	L	D	T	N	N	X	C	K	S	H	Q
A	I	H	W	F	W	F	X	L	G	F	K	D	S	L	T
K	N	G	N	I	R	O	S	S	I	C	S	P	V	N	H
M	Q	X	L	V	V	F	A	V	N	T	D	A	G	I	V

Puzzle 30

Bicurious
Buggeration
Crap
Dyke
Gonads
Masochist
Meatbeatter
Nobjockey
Turd
VenusMound

X	K	O	O	B	V	E	B	C	D	R	U	T	X	Z	M
P	G	T	M	E	A	T	B	E	A	T	T	E	R	N	O
P	Z	X	Q	A	U	D	N	U	O	M	S	U	N	E	V
M	T	B	B	I	C	U	R	I	O	U	S	H	H	R	U
M	R	J	U	H	W	O	K	K	K	F	H	F	U	G	I
E	H	B	G	G	C	Q	I	X	T	S	D	A	N	O	G
F	E	T	M	B	G	Q	F	S	L	W	E	K	Y	D	X
J	L	O	Z	V	O	E	I	B	M	C	R	A	P	E	K
E	C	V	J	K	K	H	R	X	R	Z	K	T	E	E	O
M	Q	B	E	F	C	N	G	A	E	U	P	V	N	M	B
B	B	E	O	O	E	V	T	I	T	K	V	P	I	Z	H
T	H	S	S	K	A	C	O	N	C	I	U	D	M	G	J
E	W	A	K	S	M	Z	U	F	W	G	O	Q	D	F	F
L	M	D	V	G	X	W	X	Z	H	L	L	N	G	H	H
Y	E	K	C	O	J	B	O	N	U	M	Q	U	G	M	M
K	J	B	D	O	D	V	T	E	K	V	X	F	C	O	I

Puzzle 31

Bestiality
Big Cock
Blumpkin
Crapola
Dry Hump
Goregasm
Piss
Sexual
Top Bollocks
Turd

M	G	O	R	E	G	A	S	M	T	V	L	M	G	B	A
G	G	Z	Z	C	R	O	A	B	J	G	I	R	I	J	X
S	D	C	L	B	J	N	Q	C	P	E	X	G	N	X	E
C	R	A	P	O	L	A	K	K	Z	M	C	T	B	N	Q
K	T	C	T	H	Z	E	E	O	L	O	R	W	J	G	U
L	O	F	S	B	R	A	C	D	C	Z	K	T	J	D	L
O	P	P	I	S	S	W	U	K	P	E	X	G	F	D	A
P	B	I	D	R	Y	H	U	M	P	M	H	B	U	J	O
V	O	L	Y	T	I	L	A	I	T	S	E	B	G	U	F
Z	L	M	C	F	J	N	O	N	C	X	F	Z	I	O	G
U	L	S	S	E	X	U	A	L	I	Q	Q	L	W	I	A
F	O	Z	D	G	U	N	T	E	F	M	G	E	L	W	S
N	C	W	R	K	S	C	G	C	Z	Q	W	N	Z	H	H
A	K	T	K	A	J	W	N	I	K	P	M	U	L	B	F
H	S	Q	M	B	O	L	V	C	P	U	Q	A	C	P	F
H	U	U	Z	F	W	C	C	T	U	R	D	E	W	O	D

Puzzle 32

Bukkake
Clamdiver
Fuckin
Hole
Kinkster
Pussylips
Shitbrains
Slutwhore
Vibrator
Wanking

O	L	U	E	W	V	S	K	H	M	F	U	R	X	B	W
F	S	M	O	K	A	P	D	Z	S	D	H	V	G	V	H
J	Q	I	V	R	A	V	N	H	M	H	G	R	S	O	O
W	Z	F	L	I	R	K	I	A	P	C	N	N	H	R	L
V	D	T	I	G	B	T	K	H	F	V	I	W	T	E	E
P	U	S	L	T	B	R	D	U	O	D	K	R	J	T	W
S	P	A	J	R	B	E	A	M	B	C	N	S	S	S	J
E	P	W	A	Z	C	O	L	T	O	L	A	V	A	K	H
Z	R	I	F	U	C	K	I	N	O	U	W	L	S	N	O
T	N	O	L	W	Q	X	R	I	P	R	A	A	T	I	P
S	N	S	H	Y	I	R	E	H	P	G	M	I	I	K	N
P	F	I	W	W	S	R	E	V	I	D	M	A	L	C	S
P	N	Z	Z	A	T	S	K	W	A	B	U	G	G	K	U
X	K	F	Z	L	Z	U	U	X	I	J	A	O	S	Q	I
P	L	B	S	Z	M	T	L	P	J	O	Q	R	C	E	H
Z	F	N	H	L	R	W	B	S	G	J	S	M	M	K	A

Puzzle 33

- Baby Batter
- Barnpot
- Ejaculates
- Fuckup
- Genitals
- Girl On Top
- Masturbation
- Spunk
- Teat
- Twat

P	W	J	S	F	Q	Z	P	O	T	N	O	L	R	I	G
S	U	G	T	O	P	N	R	A	B	T	I	D	N	Z	K
Q	E	E	L	L	M	Z	J	C	U	A	R	S	F	F	G
G	V	C	G	M	T	A	R	G	T	M	O	P	B	W	J
E	O	G	L	N	J	M	B	G	S	I	N	U	Z	H	X
N	R	E	T	T	A	B	Y	B	A	B	O	N	O	S	C
I	T	P	E	V	F	P	H	C	T	T	I	K	H	A	A
T	W	V	B	H	N	U	U	I	H	E	T	S	T	L	R
A	A	B	K	S	I	S	C	S	M	A	A	K	V	V	J
L	T	J	K	Z	I	Q	I	K	L	T	B	P	V	Q	N
S	D	N	F	A	D	A	Z	O	U	X	R	S	U	T	J
G	Z	I	L	E	L	U	P	S	U	P	U	D	S	D	O
Q	E	J	A	C	U	L	A	T	E	S	T	L	W	W	C
N	I	L	I	A	I	H	B	P	V	G	S	W	U	K	H
U	K	Q	L	E	W	X	K	B	W	S	A	X	U	V	M
B	G	H	K	F	L	T	S	R	H	S	M	N	A	X	T

Puzzle 34

- Anilingus
- Backdoor
- Bloodclaat
- Boozer
- Deposit
- Dik Dik
- Fugly
- Incest
- Motherfucking
- Twat

C	H	G	N	I	K	C	U	F	R	E	H	T	O	M	Z
T	W	A	T	W	Z	M	F	E	Z	C	C	C	D	Q	B
J	V	T	Q	O	K	Z	R	X	R	M	B	H	N	D	A
P	G	D	A	U	Q	N	P	O	I	S	O	F	Q	R	E
R	W	A	U	A	X	T	O	C	K	Z	V	U	G	R	I
E	H	K	D	E	L	D	W	R	D	D	P	G	X	A	N
Z	P	O	M	O	K	C	F	P	E	C	E	L	S	B	C
O	R	J	J	C	Z	O	D	P	F	W	C	Y	M	M	E
O	H	J	A	Z	R	H	O	O	D	A	B	J	H	F	S
B	K	B	S	N	H	S	N	U	O	W	O	L	W	Q	T
O	A	N	I	L	I	N	G	U	S	L	S	P	F	P	E
P	J	X	T	T	S	J	I	J	C	K	B	E	P	Q	S
S	F	Q	W	I	G	A	G	Z	R	B	B	R	A	C	D
C	R	E	Z	I	F	B	X	K	Z	O	Z	R	H	N	F
J	W	N	K	D	X	K	J	U	M	Q	B	I	R	P	E
G	K	X	J	X	D	L	W	K	I	D	K	I	D	M	X

Puzzle 35

Bellend
Bollocks
Cocksucker
Cocksucking
Crappy
Farting
Nymphomania
Penises
Poonani
Postcoital

J	R	D	I	G	M	Q	M	E	J	X	P	S	B	X	L
C	F	A	L	C	Z	G	B	S	P	D	W	M	W	S	U
S	O	R	X	G	D	G	N	I	T	R	A	F	C	W	D
H	K	C	W	N	N	L	O	I	N	A	N	O	O	P	P
Q	A	C	K	N	Y	I	A	Z	Z	L	N	V	R	E	E
Z	C	D	O	S	P	M	K	T	W	V	T	D	F	M	N
N	R	D	T	L	U	M	P	C	I	R	N	F	P	Q	I
U	A	P	S	G	L	C	M	H	U	O	L	R	B	V	S
A	P	S	F	W	D	O	K	T	O	S	C	I	C	C	E
H	P	B	E	X	M	N	B	E	J	M	K	T	N	W	S
E	Y	J	R	X	M	L	E	P	R	E	A	C	S	W	P
W	R	E	N	Z	Z	S	W	L	V	A	F	N	O	O	B
E	I	W	N	L	E	E	M	G	L	E	T	N	I	C	P
K	N	F	Q	Q	J	X	E	X	O	E	I	A	K	A	O
D	S	N	U	I	I	T	S	X	A	M	B	R	G	R	H
R	M	A	C	S	G	N	A	G	K	A	K	E	P	B	E

Puzzle 36

Backdoorman
Cuntface
Dendrophilia
Knobend
Orgy
Pubes
Rentafuck
Restraints
Strapon
Tushy

W	B	A	B	H	R	Y	O	O	D	A	T	G	C	P	L
Q	R	M	R	A	H	A	Q	M	L	N	X	N	H	B	R
L	N	U	L	S	C	L	F	J	Q	M	E	W	S	N	B
R	J	G	U	W	O	K	O	X	F	T	N	B	L	G	I
Q	Q	T	R	X	I	Q	D	W	N	M	K	C	O	V	F
T	P	U	O	H	I	P	I	O	C	O	F	W	A	N	P
A	Q	Y	G	R	O	U	A	O	O	M	P	M	E	P	K
W	D	Q	S	L	E	B	N	B	L	R	N	A	N	H	T
R	P	Q	F	H	R	E	C	R	P	U	M	U	R	H	J
O	G	U	E	X	U	S	S	L	T	D	H	A	A	T	K
U	O	V	K	P	H	C	S	J	R	J	O	M	N	G	S
X	I	R	F	C	U	N	T	F	A	C	E	A	I	X	G
W	H	A	I	L	I	H	P	O	R	D	N	E	D	A	Q
I	R	E	S	T	R	A	I	N	T	S	S	V	N	V	Q
K	C	U	F	A	T	N	E	R	S	T	U	U	Z	F	M
J	S	O	K	M	I	L	J	Z	C	K	L	Z	J	K	H

Puzzle 37

Areola

Bodily Fluids

Bung Hole

Cornhole

Erotism

Jelly Donut

Lovepistol

Piss Pig

Pussyfart

Shemale

R	V	Z	J	Z	A	C	M	W	R	T	R	D	G	F	K
C	U	Z	E	V	R	E	Z	B	K	U	K	T	L	B	Q
L	K	H	C	C	E	T	M	N	I	N	B	R	S	M	S
E	O	B	J	O	O	V	K	G	O	O	R	A	H	C	U
J	L	T	O	W	L	F	S	M	W	D	A	F	E	P	A
Q	K	O	S	D	A	N	E	E	C	Y	W	Y	M	M	B
Z	N	J	H	I	I	B	J	D	N	L	X	S	A	D	U
A	V	B	U	N	P	L	F	N	D	L	F	S	L	Q	N
B	P	V	I	G	R	E	Y	N	H	E	I	U	E	F	G
P	D	O	O	M	R	O	V	F	B	J	K	P	C	G	H
Z	Q	H	F	S	E	H	C	O	L	N	G	X	R	H	O
Q	P	I	S	I	V	H	D	X	L	U	V	K	M	Q	L
O	G	V	X	T	U	M	B	N	I	F	I	W	B	T	E
U	W	R	T	O	E	B	K	U	K	V	N	D	F	L	S
S	E	T	K	R	C	E	B	E	E	G	P	Q	S	W	D
U	I	E	C	E	A	G	L	D	G	I	P	S	S	I	P

Puzzle 38

Bestial

Bitches

Cooter

Coprolagnia

Crack

Fistfuck

Pussy

Reefer

Undressing

Voyeur

O	J	S	V	V	P	U	S	S	Y	H	S	R	P	P	E
G	R	C	Q	C	W	O	H	H	J	O	N	H	F	U	H
A	L	T	A	R	O	A	K	U	I	M	P	V	F	W	R
G	P	G	E	A	K	M	O	R	G	A	Q	R	V	A	M
E	H	G	R	C	H	C	A	C	I	H	R	I	I	N	R
X	O	U	B	K	E	H	K	A	R	R	E	F	E	E	R
R	P	O	I	U	H	B	W	L	P	J	F	U	W	K	L
U	L	R	T	O	A	I	N	G	A	L	O	R	P	O	C
E	S	Z	C	W	V	M	Z	H	W	I	J	A	P	B	P
Y	G	K	H	N	O	A	P	M	Q	K	T	C	G	S	E
O	C	W	E	I	B	W	R	B	R	M	O	S	N	B	D
V	D	V	S	X	U	F	G	D	I	O	J	B	E	Q	N
I	O	G	H	I	N	G	D	H	T	O	R	R	S	B	Z
G	Z	U	O	E	L	W	F	E	M	H	X	V	W	M	M
J	L	T	R	U	N	D	R	E	S	S	I	N	G	G	R
H	Q	V	A	C	F	I	S	T	F	U	C	K	K	I	F

Puzzle 39

- Ball Gravy
- Cockblocker
- Domination
- Double Dong
- Flasher
- Licker
- Playboy
- Screw
- Sleazy
- Squirting

I	O	Y	O	J	R	E	K	C	I	L	B	C	Q	D	O
J	X	C	V	W	L	A	P	M	D	U	H	G	G	O	I
L	S	X	O	A	A	F	J	V	J	V	X	E	B	M	R
Z	Q	M	D	C	R	P	E	U	P	W	J	E	G	I	Z
Z	U	T	J	X	K	G	I	S	I	J	C	Z	N	H
X	I	B	J	C	X	B	L	H	K	G	K	R	N	A	G
P	R	G	L	P	O	T	L	L	A	A	G	I	T	T	H
B	T	W	H	V	V	C	F	O	A	U	E	X	V	I	C
Y	I	V	Z	P	U	X	M	S	C	B	U	V	B	O	C
O	N	K	D	W	R	I	G	U	M	K	S	B	K	N	H
B	G	S	L	E	A	Z	Y	K	T	F	E	E	C	E	D
Y	D	I	S	L	F	R	N	V	J	J	S	R	K	W	A
A	B	U	R	E	H	S	A	L	F	P	G	A	J	J	E
L	V	S	F	S	A	U	L	I	Z	F	B	W	B	N	E
P	M	S	P	U	D	O	U	B	L	E	D	O	N	G	L
J	M	F	O	X	L	G	A	R	W	E	R	C	S	T	X

Puzzle 40

- Assmonkey
- Ball Sucking
- Birdlock
- Fannyfucker
- Fecal
- Fingerblast
- Knockers
- Lovemuscle
- Rimjob
- Tosser

G	B	I	R	D	L	O	C	K	E	U	Z	V	K	P	E
G	K	B	R	B	F	M	T	X	M	Q	U	H	C	F	W
Z	Z	T	P	E	V	S	F	C	A	M	X	Q	H	N	V
V	V	U	C	V	N	B	H	S	M	H	H	C	D	M	E
R	V	A	E	A	O	B	S	B	V	D	D	V	X	N	H
V	L	I	C	J	F	M	W	E	Q	V	L	V	Z	G	U
H	A	C	M	P	O	D	O	W	H	C	T	H	S	S	M
Q	W	I	T	N	G	T	O	S	S	E	R	D	F	Q	B
X	R	M	K	I	G	N	P	I	O	W	T	X	X	S	T
T	M	E	Z	I	D	L	B	X	M	R	B	E	F	C	L
C	Y	K	P	R	A	U	T	H	I	Q	L	Z	K	A	F
M	Z	I	J	R	E	K	C	U	F	Y	N	N	A	F	B
B	A	L	L	S	U	C	K	I	N	G	R	M	O	Z	F
F	H	T	T	S	A	L	B	R	E	G	N	I	F	D	J
A	X	A	E	L	C	S	U	M	E	V	O	L	I	V	E
Z	K	S	S	L	B	J	S	R	E	K	C	O	N	K	C

Puzzle 41

Cumbubble
Doggy Style
Hardon
Masturbate
Pee-Pee
Rearentry
Slag
SonOfABitch
Stroke
Titty

K	R	S	O	N	O	F	A	B	I	T	C	H	S	K	K
E	D	J	M	V	J	R	R	P	B	N	K	Q	W	V	M
B	T	P	E	O	Z	K	Q	Z	E	Q	P	I	U	G	Z
O	E	A	L	P	F	P	E	K	A	E	K	G	A	N	A
G	S	L	B	A	V	J	D	G	G	J	-	L	M	T	Q
A	X	Z	B	R	M	G	I	D	E	E	S	P	N	V	U
O	T	N	U	P	U	V	Z	L	X	S	T	L	E	I	M
C	I	V	B	F	L	T	Y	K	B	T	Y	V	A	E	S
V	T	H	M	F	N	T	S	F	E	R	J	T	I	K	O
E	T	L	U	V	S	Z	H	A	T	O	X	H	D	C	X
M	Y	Q	C	Y	R	Z	L	N	M	K	V	O	K	K	M
Z	U	N	G	W	M	W	E	K	D	E	A	B	Q	C	K
L	K	G	Z	E	Q	R	D	C	V	F	G	M	R	F	L
B	O	O	N	Z	A	U	N	O	D	R	A	H	P	X	S
D	W	W	F	E	S	X	S	F	X	D	X	E	O	C	Q
X	U	C	R	B	N	Z	T	F	M	W	Q	R	I	T	G

Puzzle 42

Bumblefuck
Bumfuck
Clitoris
Cumdump
Cumslut
DP
Pleasure Chest
Slimeball
Smeghead
Swinger

U	W	V	S	L	I	M	E	B	A	L	L	E	E	P	O
N	Q	C	U	J	U	O	L	P	J	N	K	O	T	V	Z
H	X	H	P	M	U	D	M	U	C	E	D	D	P	F	Q
D	A	E	H	G	E	M	S	J	Q	L	P	V	W	Z	Z
P	L	E	A	S	U	R	E	C	H	E	S	T	L	P	V
D	C	N	C	K	C	U	F	E	L	B	M	U	B	V	B
C	L	Q	U	X	B	R	S	J	X	A	P	K	R	R	I
I	I	G	V	C	O	N	D	B	X	F	S	S	E	I	W
T	T	G	E	S	B	D	M	X	M	U	N	G	X	E	R
D	O	A	G	W	L	U	D	E	M	P	N	Z	L	W	U
Z	R	I	M	R	E	Z	E	G	W	I	W	E	V	V	G
H	I	G	O	X	I	B	U	S	W	E	I	M	Z	V	D
L	S	R	J	T	D	D	V	S	Q	N	H	V	I	C	F
W	E	X	T	K	T	B	B	U	M	F	U	C	K	P	J
P	D	S	C	U	M	S	L	U	T	W	M	G	U	X	A
F	U	L	T	N	R	B	P	X	V	B	L	F	E	B	R

Puzzle 43

Booby
Cuntslut
Dirty Sanchez
Foot Fetish
God Damn
Mothafucker
Shrimping
Tea Bagging
Tits
Tongethruster

A	H	H	I	T	Q	T	I	Z	F	Q	G	J	D	J	R
G	N	I	G	G	A	B	A	E	T	X	T	I	T	S	D
C	P	S	N	V	T	V	W	X	S	L	T	U	O	A	S
U	Z	E	M	A	C	U	N	T	S	L	U	T	X	B	B
R	E	K	C	U	F	A	H	T	O	M	B	Z	H	W	Q
E	X	W	B	Z	A	B	F	Q	W	M	C	J	T	J	X
C	L	T	O	N	G	E	T	H	R	U	S	T	E	R	U
B	P	D	I	R	T	Y	S	A	N	C	H	E	Z	I	N
K	E	N	K	W	C	P	J	A	X	B	O	K	B	E	M
Q	L	S	A	M	W	X	D	E	M	Q	G	M	M	Z	A
E	O	P	T	R	R	R	L	X	U	Z	V	J	H	D
S	C	L	R	N	B	H	V	S	Z	Y	B	O	O	B	D
F	L	A	F	V	C	L	Z	H	V	P	X	M	X	T	O
Z	A	W	E	F	O	O	T	F	E	T	I	S	H	F	G
L	N	M	Z	G	B	Q	Q	C	D	N	Z	J	C	T	E
S	H	R	I	M	P	I	N	G	X	Z	N	Q	S	D	K

Puzzle 44

Bastinado
Beaver Lips
Boob
Dingleberry
Hellhole
Hentai
Lovejuice
Sex
Suckoff
Twink

F	Q	D	I	N	G	L	E	B	E	R	R	Y	T	E	J
K	G	L	T	A	O	P	N	R	G	B	R	Z	W	L	I
H	S	S	N	Z	U	D	I	H	E	G	J	Z	I	U	F
N	V	V	L	P	F	M	A	N	C	I	I	H	N	U	J
X	E	X	O	O	T	S	B	N	M	E	S	G	K	S	P
D	M	A	R	W	V	Q	A	O	I	L	H	T	O	U	C
Q	B	E	Q	S	T	E	X	S	B	T	W	A	D	C	T
E	W	K	L	E	P	H	J	E	H	O	S	B	F	K	T
Z	L	U	L	O	V	I	G	U	S	I	O	A	D	O	T
M	L	F	A	S	H	D	L	J	I	M	M	B	B	F	W
X	Q	O	D	W	I	L	E	R	Z	C	J	T	Z	F	J
S	M	Z	C	J	O	E	L	V	E	W	E	S	O	D	J
K	N	S	E	A	G	F	J	E	V	V	P	U	H	Z	D
N	Q	J	Z	T	E	X	Z	N	H	J	A	K	A	R	H
P	P	X	Q	I	N	O	E	P	I	O	P	E	H	F	R
F	D	Z	I	A	T	N	E	H	P	I	J	W	B	O	Q

Puzzle 45

Blowjob

Cocksuck

Dookie

Explosion

Harder

Love Spuds

Nympho

Rearend

Starfish

Tantra

C	D	J	C	G	J	U	P	R	A	V	W	I	E	I	B
T	E	H	G	B	N	M	B	M	A	U	W	M	U	I	N
X	C	P	Q	O	W	G	D	O	E	I	K	O	O	D	J
T	D	X	E	J	Z	K	V	S	L	C	G	T	Q	P	S
I	N	I	B	W	A	T	O	W	Q	L	C	G	J	M	O
N	E	J	R	O	X	H	S	I	F	R	A	T	S	N	W
Y	R	U	R	L	E	X	P	L	O	S	I	O	N	S	N
M	A	H	D	B	A	I	A	P	O	X	U	Q	P	D	D
P	E	H	A	I	L	Q	X	S	U	Q	A	E	K	U	R
H	R	X	O	R	S	I	O	K	P	R	P	J	F	P	E
O	N	F	J	W	D	E	Z	I	U	Q	T	U	E	S	H
U	K	I	S	R	Z	E	P	X	K	S	R	O	W	E	P
H	X	W	Z	M	E	Q	R	Z	O	Z	M	M	C	V	U
U	H	V	I	X	F	E	O	W	E	M	K	H	D	O	O
Z	T	A	N	T	R	A	P	V	E	J	A	I	S	L	K
Z	L	A	V	S	F	C	O	C	K	S	U	C	K	Q	X

Puzzle 46

Ball Sack

Bitch Tits

Dick Juice

Dick Scratcher

Hard On

Hooters

Munging

Prostitute

Rectum

Scrote

R	V	M	B	Z	D	L	H	S	R	X	G	M	E	J	V
E	D	H	I	O	X	I	F	K	Q	G	X	T	C	W	A
C	I	O	A	E	M	P	F	I	L	G	O	D	P	L	M
T	C	F	S	R	V	V	P	Z	X	R	Z	F	C	N	W
U	K	E	E	N	D	P	F	B	C	Q	U	P	P	F	E
M	S	D	E	J	L	O	J	S	A	A	C	Z	F	O	M
S	C	I	X	W	R	O	N	O	U	B	G	W	T	S	V
U	R	C	Z	E	X	L	H	Q	E	R	R	J	M	A	G
W	A	K	C	A	S	L	L	A	B	E	I	I	T	W	N
J	T	J	K	T	E	G	Q	O	T	E	J	A	O	V	I
T	C	U	C	E	E	T	U	T	I	T	S	O	R	P	G
N	H	I	O	S	T	I	T	H	C	T	I	B	K	J	N
Q	E	C	A	G	J	X	T	V	U	Q	I	R	H	N	U
E	R	E	L	G	F	D	G	O	T	V	E	L	Z	T	M
M	Z	I	B	O	P	A	P	Q	P	K	S	J	G	C	M
D	H	O	O	T	E	R	S	J	C	E	P	H	S	U	X

Puzzle 47

Asswipe
Butthole
Butthole
Cummer
Ecstacy
Eunuch
Fuckers
Fuksheet
Venus Mound
Williewanker

Q	O	G	N	G	G	L	L	T	B	D	S	V	V	G	E
H	Y	S	R	X	F	M	U	M	L	F	I	C	E	Z	U
W	T	C	H	E	U	N	U	C	H	U	M	H	L	S	J
R	I	F	A	R	K	E	P	I	W	S	S	A	R	J	D
V	S	L	P	T	L	V	V	M	P	J	C	E	I	N	P
E	Z	E	L	Q	S	I	V	R	D	O	K	U	T	C	C
N	S	Z	L	I	C	C	H	O	Q	C	T	J	P	J	J
U	Q	H	A	O	E	G	E	L	U	C	H	P	C	T	U
S	H	X	Z	O	H	W	P	F	V	S	U	K	S	E	U
M	D	H	F	V	X	T	A	V	N	F	J	U	S	E	P
O	A	R	C	R	E	N	T	N	O	Z	J	K	O	H	M
U	Q	E	B	I	G	Q	Z	U	K	P	E	E	M	S	L
N	E	M	H	H	R	V	U	H	B	E	Q	X	U	K	W
D	C	M	E	L	O	H	T	T	U	B	R	I	S	U	B
P	V	U	R	P	W	Z	R	N	V	E	A	G	Q	F	A
P	S	C	W	T	V	B	O	U	W	A	R	F	B	L	L

Puzzle 48

Beatyourmeat
Bitchy
Chesticles
Coffin Dodger
Flatulence
Jailbait
Motherfucker
Sadomasochism
Snatch
Suck

N	A	S	R	X	M	W	X	D	J	Y	T	C	T	Q	N
C	G	S	A	D	O	M	A	S	O	C	H	I	S	M	I
O	J	J	R	F	A	F	M	F	G	U	R	C	M	E	I
F	Z	C	Q	E	T	N	R	D	W	H	I	S	T	L	D
F	S	D	H	B	K	B	S	N	Z	U	R	T	R	I	B
I	X	T	P	E	F	C	S	Q	P	K	A	W	W	Z	B
N	R	W	G	M	S	S	U	H	R	E	T	P	E	K	N
D	T	L	E	H	F	T	I	F	M	L	G	C	V	J	O
O	I	X	X	H	J	S	I	R	R	R	N	T	O	N	X
D	A	S	B	W	U	H	U	C	I	E	P	X	B	W	F
G	B	I	M	C	E	O	F	K	L	B	H	K	P	R	X
E	L	A	K	A	Y	L	B	U	V	E	X	T	G	D	Q
R	I	X	S	T	J	H	T	K	L	Q	S	J	O	X	O
C	A	T	A	V	K	A	G	H	C	T	A	N	S	M	K
H	J	E	X	M	L	X	Z	H	C	R	V	R	T	T	D
N	B	X	E	F	U	O	R	F	S	U	X	G	P	K	K

Puzzle 49

Barely Legal
Bondage
Dike
Fucktards
Gay Sex
Golden Shower
Schlong
Sexing
Sodomy
Testicle

T	N	N	O	T	U	A	Q	W	S	R	F	R	Q	L	D
J	Q	N	L	X	Z	A	O	A	M	B	K	E	V	C	R
U	A	Z	M	U	C	Z	J	K	S	M	G	P	N	P	Z
U	L	T	X	C	L	M	G	G	C	A	G	V	I	R	V
G	D	D	D	H	S	N	A	Z	D	T	S	D	A	E	I
X	N	L	Z	B	O	Y	S	N	B	W	Q	J	G	W	V
T	A	O	Z	L	S	R	O	V	J	D	B	K	T	O	B
Z	Q	C	H	E	J	B	E	Z	A	A	K	L	U	H	K
E	D	C	X	N	S	D	R	A	T	K	C	U	F	S	X
O	S	S	U	B	S	Y	M	O	D	O	S	T	N	K
N	N	V	S	E	X	I	N	G	F	F	L	C	C	E	H
B	H	C	D	I	K	E	B	J	W	C	N	E	Z	D	O
B	A	R	E	L	Y	L	E	G	A	L	I	Q	G	L	E
V	P	T	M	S	Q	F	P	Q	F	K	V	A	V	O	R
G	O	V	T	E	S	T	I	C	L	E	Q	O	S	G	G
Q	Q	J	K	D	V	U	G	Q	S	B	N	O	A	D	V

Puzzle 50

Cohones
Coochy
Hell
Hookers
Jackoff
Lady Squirting
Shagging
Sodomy
Threesome
Thrusting

B	U	Z	A	U	Z	O	I	B	K	D	C	H	A	V	K
E	O	S	L	Z	M	S	G	Z	E	O	F	T	G	L	M
O	X	C	B	C	V	R	H	H	O	I	H	G	N	B	Z
W	H	E	S	A	K	K	U	C	W	R	W	D	I	G	I
L	O	T	X	X	U	F	H	Q	E	T	B	H	G	V	E
L	O	H	X	F	A	Y	V	E	N	K	A	P	G	N	C
E	K	R	M	I	U	E	S	W	L	T	U	Y	A	M	E
H	E	U	S	F	L	O	H	S	I	I	L	M	H	F	W
H	R	S	R	Z	M	A	I	L	H	U	E	O	S	F	G
X	S	T	Q	E	N	E	E	D	K	S	H	D	H	F	Q
T	O	I	G	U	U	H	I	B	D	J	X	O	T	O	S
I	K	N	K	D	E	B	Z	J	X	D	F	S	O	K	B
I	X	G	M	V	X	N	C	O	H	O	N	E	S	C	I
L	G	F	X	T	W	V	E	V	H	X	C	K	C	A	N
L	A	D	Y	S	Q	U	I	R	T	I	N	G	E	J	U
H	M	V	W	U	V	D	D	L	A	L	J	U	B	F	P

Puzzle 51

Bloody
Cuntfucker
Erection
Feltcher
Fistfucker
Nymph
Shag
Shitter
Smeg
Urethra Play

M	U	H	U	B	D	G	B	R	D	O	V	L	F	Z	L
G	P	U	R	E	T	H	R	A	P	L	A	Y	N	A	D
S	N	O	I	T	C	E	R	E	T	E	K	K	E	J	L
S	H	I	T	T	E	R	C	G	V	G	I	C	N	M	R
J	P	L	B	U	C	L	Q	R	P	O	E	N	P	V	B
K	R	W	R	E	K	C	U	F	T	S	I	F	F	L	P
F	E	E	N	O	C	Z	I	C	N	M	V	V	O	U	R
Z	K	E	N	G	X	N	P	Y	P	S	C	O	O	D	E
G	C	M	A	A	S	C	M	S	Z	X	D	K	W	C	H
C	U	S	N	V	G	P	F	X	F	Y	R	S	J	W	C
V	F	Q	H	P	H	V	B	C	P	J	M	W	Q	H	T
Z	T	D	P	A	T	U	I	W	D	E	A	O	W	E	L
F	N	C	K	V	G	U	U	S	G	V	U	E	E	W	E
A	U	A	H	U	N	H	C	T	L	S	S	L	A	T	F
R	C	Z	T	J	E	I	Z	L	G	H	M	X	O	O	T
D	Q	J	R	N	Q	O	U	N	G	D	V	Q	V	E	Q

Puzzle 52

Ball Licking
Bullshit
Camgirl
Feltch
Fisting
Shitbag
Smartass
Tit
Titwanker
Upskirt

H	S	S	A	T	R	A	M	S	A	R	G	J	V	H	L
T	K	W	N	O	N	W	S	K	T	P	R	X	S	R	A
G	Z	N	B	R	E	K	N	A	W	T	I	T	W	I	C
N	Z	T	B	J	C	A	X	H	I	D	T	X	C	D	Q
I	D	O	C	A	M	G	I	R	L	S	I	E	O	E	T
K	L	W	N	F	Z	V	U	Q	J	A	H	I	J	T	O
C	X	I	E	E	R	S	X	K	F	V	S	T	B	R	L
I	A	T	U	L	Q	Z	S	J	E	S	L	W	X	K	L
L	T	B	P	T	G	H	G	I	M	Z	L	W	H	R	A
L	I	J	S	C	K	X	H	F	P	Z	U	F	R	V	T
L	T	G	K	H	A	X	X	P	A	K	B	G	S	P	W
A	N	X	I	S	T	Q	W	B	I	L	U	Q	O	X	L
B	E	A	R	Q	Q	J	B	S	H	I	T	B	A	G	R
X	U	R	T	O	L	T	U	P	U	H	M	X	W	F	S
C	I	M	N	S	V	D	F	K	G	N	I	T	S	I	F
Z	N	J	E	Q	L	P	T	G	C	W	B	X	S	K	G

Puzzle 53

Clit
Cumshot
Girl On Girl
Lameass
Pedobear
Peehole
Pinkoboe
Pisspig
Urinate
Wang

A	D	P	D	E	L	G	L	H	M	U	W	G	Q	Z	S
G	V	U	S	X	F	M	A	D	N	N	M	Q	U	H	W
U	L	R	I	G	N	O	L	R	I	G	I	T	I	B	R
D	C	E	D	M	C	L	W	R	H	F	K	J	D	C	A
R	F	P	F	P	I	T	A	B	L	D	Q	D	H	G	E
M	I	A	P	T	P	O	Z	M	O	S	P	R	R	I	B
U	Z	L	F	P	O	V	U	E	E	K	W	H	E	P	O
L	M	H	W	W	C	H	V	Z	R	A	Z	Q	O	S	D
Q	W	A	W	L	H	M	S	G	V	P	S	P	B	S	E
H	N	O	I	A	O	E	T	M	A	H	X	S	O	I	P
G	S	T	U	W	Z	L	C	H	U	U	O	E	K	P	Q
A	L	W	S	N	L	O	E	X	F	C	T	L	N	G	M
U	T	O	P	H	J	H	C	L	O	G	H	J	I	U	D
T	Q	C	V	V	L	E	Q	H	X	O	H	M	P	D	F
U	L	R	T	N	O	E	T	A	N	I	R	U	I	J	T
K	X	G	E	P	F	P	E	O	W	S	L	K	X	M	P

Puzzle 54

Apeshit
Aroused
Beaner
Beaver Cleaver
Bitchslap
Cumshot
Cyberfuck
Donkey Dick
Flange
Whore

I	Q	P	R	Q	D	T	K	V	H	T	T	P	X	W	M
A	M	F	F	E	T	T	O	A	R	R	O	X	H	Z	B
K	R	W	L	L	V	P	E	H	C	H	P	B	P	F	O
U	I	O	V	A	A	A	E	C	S	W	B	R	T	Z	T
R	C	W	U	T	P	N	E	D	C	M	G	T	Q	F	P
X	R	D	W	S	Z	E	G	L	L	E	U	G	N	P	Z
H	E	L	O	F	E	B	S	E	C	L	I	C	I	P	S
B	N	J	B	N	J	D	Z	H	W	R	N	W	A	S	V
F	A	O	O	W	K	G	E	H	I	T	E	L	Z	O	D
C	E	V	H	C	K	E	D	F	B	T	S	V	R	H	N
Z	B	O	A	E	U	F	Y	U	T	H	F	J	A	I	V
D	R	H	O	R	N	Z	X	D	C	H	B	A	M	E	W
E	G	O	R	R	I	U	M	T	I	W	U	U	O	D	B
A	C	R	A	X	U	J	I	V	X	C	O	Q	X	B	W
C	I	L	Z	V	T	B	H	I	E	O	K	W	S	A	B
U	L	V	C	Y	B	E	R	F	U	C	K	N	R	W	J

Puzzle 55

Crack Wax
Dreamhole
Escort
Fistfucking
Ganja
Lickme
Lingerie
Shaven Haven
Spread Legs
Violet Wand

Q	Q	S	E	K	L	Z	U	E	M	H	J	I	B	G	S
E	I	R	E	G	N	I	L	M	N	E	E	E	O	A	P
C	U	K	X	S	B	I	C	K	M	L	S	I	I	N	R
U	S	C	M	H	X	K	I	C	T	O	C	J	C	J	E
P	H	B	E	F	D	Z	Z	I	R	H	O	R	A	A	A
J	A	R	A	G	J	B	D	L	L	M	R	F	A	X	D
L	V	K	Z	P	N	T	K	R	E	A	T	G	L	D	L
R	E	B	V	Q	S	P	E	Z	H	E	B	T	R	S	E
D	N	A	W	T	E	L	O	I	V	R	A	O	V	Z	G
W	H	J	C	C	F	H	J	F	F	D	X	S	S	H	S
R	A	H	F	I	S	T	F	U	C	K	I	N	G	K	F
N	V	T	C	S	L	C	R	A	C	K	W	A	X	A	T
C	E	L	I	K	I	M	X	H	X	U	T	Q	G	I	T
A	N	O	T	F	P	X	G	H	F	T	R	A	F	L	P
E	X	K	I	A	E	S	P	X	F	A	F	V	N	U	C
F	U	X	K	W	O	T	N	A	M	Q	B	U	F	E	M

Puzzle 56

Asscock
Baby Juice
Bugger Off
Buggered
Limpdick
Muffdiving
Nude
Nutsack
Pissed
Snowballing

E	X	M	E	S	P	I	S	S	E	D	W	N	K	K	G
D	J	J	W	Z	K	D	N	V	W	C	Q	S	C	T	N
E	N	K	E	N	G	M	Z	C	K	R	N	Z	O	C	O
R	U	O	U	A	G	I	J	C	Q	O	B	J	C	T	W
E	T	F	S	K	H	D	I	Q	W	X	E	R	S	B	L
G	S	P	G	U	I	D	E	B	Q	R	C	S	S	U	W
G	A	S	W	N	P	L	A	S	W	L	I	D	A	G	R
U	C	M	S	M	I	L	O	A	E	E	U	L	M	G	O
B	K	P	I	Z	L	V	B	C	M	A	J	U	Q	E	M
V	U	L	J	I	O	N	I	D	D	L	Y	R	A	R	X
P	P	E	N	O	F	U	W	D	O	H	B	I	J	O	L
Z	H	G	F	D	O	D	E	D	F	P	A	H	M	F	T
A	X	F	G	H	S	E	P	S	H	F	B	Q	S	F	J
B	W	R	X	D	U	S	A	A	W	Q	U	S	I	D	W
R	U	V	P	D	H	C	L	R	O	O	X	M	P	J	U
H	Z	G	R	X	M	E	V	T	J	T	K	X	G	V	Q

Puzzle 57

Asshole
Assmunch
Bigger
Clusterfuck
Oral
Pussylover
Smut
Sodomise
Tied Up
Wet Panties

E	C	L	U	S	T	E	R	F	U	C	K	K	W	P	N
K	W	O	X	Z	V	N	D	K	O	P	U	B	E	F	J
M	B	S	O	D	F	S	N	T	H	U	F	A	T	G	P
V	W	J	C	M	E	I	R	J	O	S	S	D	P	T	X
C	T	T	S	W	P	E	O	G	W	S	L	H	A	L	M
Q	A	K	E	E	G	M	C	N	H	Y	R	C	N	H	N
K	R	D	Z	G	X	A	S	O	Q	L	U	N	T	O	F
Q	A	T	I	U	D	O	L	E	F	O	Q	U	I	L	P
F	G	B	F	Q	W	E	L	H	R	V	R	M	E	A	U
S	O	D	O	M	I	S	E	Z	D	E	N	S	S	R	D
P	C	B	L	V	D	Q	T	B	G	R	X	S	K	O	E
K	J	V	F	V	F	M	U	S	K	S	W	A	C	U	I
D	C	S	J	I	X	W	M	F	E	Z	V	C	C	E	T
E	Z	R	P	V	Z	M	S	O	K	G	K	O	H	A	H
J	O	R	U	E	H	R	A	R	E	O	X	L	S	E	P
G	D	M	Z	A	V	M	L	X	Q	X	P	P	V	V	O

Puzzle 58

Big Tits
Guro
Homoerotic
Minge
Penile
Prickfeeler
Shithead
Shithouse
Shittiest
Two Girls

W	G	R	E	I	B	F	J	I	P	Z	P	H	V	X	O
S	W	K	S	B	D	V	P	Z	X	Z	M	C	R	O	G
T	I	P	Q	G	K	C	K	Z	Z	O	V	I	W	D	R
S	G	D	O	S	I	N	F	Q	L	X	V	T	D	C	E
T	I	E	D	H	W	D	U	F	G	U	R	O	V	S	L
I	Z	I	H	I	J	A	M	H	L	U	J	R	I	T	E
T	J	K	X	T	S	E	C	S	V	R	T	E	E	W	E
G	L	M	O	T	B	H	L	H	R	S	G	O	M	O	F
I	B	K	W	I	X	T	S	I	K	J	V	M	N	G	K
B	I	M	V	E	E	I	S	T	S	S	U	O	Z	I	C
J	L	L	E	S	L	H	K	H	I	K	W	H	I	R	I
L	J	F	R	T	I	S	Q	O	S	L	Q	B	O	L	R
F	Q	M	N	C	N	I	Z	U	V	H	A	H	R	S	P
Q	D	R	N	K	E	I	N	S	I	O	Z	K	T	D	N
Q	G	S	D	R	P	L	P	E	G	N	I	M	G	F	K
K	R	X	K	G	G	H	L	N	I	W	U	H	I	J	T

Puzzle 59

Arse
Beef Curtains
Boobyalla
Crotch
Cunny
Frigging
G Spot
Lovegoo
Tessers
Wetspot

Q	J	V	Q	M	J	R	Y	B	F	W	T	P	W	C	G
T	Z	O	D	W	H	N	P	E	R	L	O	R	M	S	N
E	U	S	R	H	N	R	W	E	I	Z	E	F	P	T	K
S	S	L	D	U	I	T	E	F	G	N	A	O	N	N	S
S	I	G	C	O	E	X	G	C	G	F	T	E	C	G	N
E	E	I	Q	L	Z	A	U	U	I	P	I	X	S	H	T
R	T	S	J	P	J	E	L	R	N	L	L	W	N	A	O
S	K	X	R	K	D	E	N	T	G	Q	E	W	L	P	P
B	I	O	F	A	K	I	S	A	N	H	Z	L	U	V	S
O	W	O	P	J	P	W	U	I	V	J	A	X	A	L	T
D	L	G	H	E	R	J	U	N	P	Y	H	A	S	L	E
O	J	E	O	W	G	I	A	S	B	C	M	U	T	J	W
V	D	V	I	Z	H	J	H	O	T	E	S	X	F	B	K
R	E	O	O	J	F	I	O	O	P	L	B	H	B	W	R
D	M	L	K	U	B	B	R	Q	Q	Z	H	H	Q	F	Z
J	L	E	M	E	X	C	E	C	R	O	U	M	A	A	E

Puzzle 60

Blow Your Load
Bugger
Butt
Damn
Fuck Off
Omorashi
Pegging
Sadism
Sexhound
Titties

B	N	W	Z	W	P	I	B	H	R	W	B	K	Q	R	M
G	U	Q	W	X	M	C	P	J	F	B	W	B	K	U	M
D	L	T	A	D	B	X	B	N	U	Q	W	R	Z	K	P
U	B	T	T	W	M	S	X	G	H	D	Z	X	A	E	A
X	L	J	N	G	I	U	G	K	V	A	V	S	G	D	I
S	O	P	D	E	S	E	N	F	Q	I	Q	G	B	B	H
E	W	T	D	G	R	H	R	Z	A	N	I	E	R	C	S
I	Y	X	N	K	S	N	M	A	D	N	F	A	H	W	A
T	O	P	U	W	U	F	E	F	G	J	T	A	V	I	R
T	U	F	O	D	P	K	U	G	E	L	H	T	S	V	O
I	R	W	H	E	T	R	Q	E	P	J	I	J	I	C	M
T	L	E	X	Q	V	U	O	C	Z	I	L	O	P	P	O
Z	O	E	E	O	C	R	D	W	N	L	E	R	T	B	B
H	A	M	S	F	U	C	K	O	F	F	V	N	N	H	V
O	D	P	E	H	H	S	D	T	S	P	A	Z	H	V	I
B	O	G	M	S	I	D	A	S	Q	A	Q	R	X	O	S

Puzzle 61

Cow
Crackwhore
Ejaculation
Horniest
Jerk Off
Lolita
Nipple
Shit
Skank
Well hung

Z	U	G	L	G	S	F	A	Z	S	K	T	V	Z	S	H
W	L	G	J	N	A	T	Q	T	H	N	Q	C	N	C	C
R	R	M	A	U	T	E	N	L	I	A	V	I	M	R	N
J	C	T	E	H	I	J	G	H	T	K	O	J	L	A	F
B	S	N	N	L	L	A	D	Q	J	S	X	E	U	C	Q
W	V	W	A	L	O	C	G	V	X	U	H	R	G	K	R
I	T	S	B	E	L	U	U	A	H	P	R	K	S	W	P
Q	U	G	A	W	F	L	G	R	T	N	R	O	P	H	U
L	U	X	P	S	Z	A	M	N	S	R	E	F	D	O	K
T	P	U	S	C	D	T	P	I	E	F	R	F	L	R	H
Z	T	F	M	Z	Q	I	K	P	I	W	Z	C	H	E	X
B	N	Z	U	Z	Z	O	K	P	N	J	O	T	W	N	E
B	U	A	Q	X	A	N	S	L	R	X	J	C	G	M	B
L	M	Q	T	X	V	O	J	E	O	O	W	N	J	W	K
P	R	R	J	S	M	X	S	Z	H	A	P	I	R	C	H
Z	L	T	K	W	P	O	N	W	I	E	G	R	I	E	O

Puzzle 62

Assbag
Beaver
Cumjockey
Dicksneeze
Fuck
Jism
Knobbing
Lubejob
MeatFlaps
Swallower

H	G	J	B	P	K	Q	W	G	C	M	N	R	V	Z	N
U	L	J	B	C	W	R	B	T	Q	A	D	S	T	N	H
A	C	L	U	O	M	Z	L	P	B	S	W	T	C	L	R
K	A	F	J	I	S	M	G	X	B	K	N	Z	Q	S	A
L	C	V	Z	P	V	A	N	B	I	K	R	T	T	Z	K
M	H	N	E	D	N	P	I	R	W	A	W	J	L	J	B
E	X	Y	Z	A	G	A	B	S	S	A	K	V	Z	M	V
A	V	U	E	Q	K	I	B	E	G	R	E	V	A	E	B
T	Z	H	E	K	T	F	O	R	D	V	W	T	C	Z	B
F	Z	Z	N	O	C	V	N	U	L	W	V	X	W	H	O
L	A	V	S	L	R	O	K	O	I	Z	N	F	O	U	F
A	I	E	K	C	N	X	J	L	U	B	E	J	O	B	Z
P	F	B	C	I	Z	L	W	M	L	T	T	W	G	C	V
S	U	J	I	U	Z	E	V	J	U	P	Q	D	K	O	P
I	G	X	D	Z	W	F	F	M	D	C	M	S	K	S	U
Z	J	R	E	W	O	L	L	A	W	S	L	S	D	R	N

Puzzle 63

Axewound

Bazooms

Clover Clamps

Cock

Cumming

Dick

Piece Of Shit

Ponyplay

Seduce

Urophilia

K	P	D	E	S	H	N	A	S	W	B	F	C	Z	W	N
U	D	N	U	O	W	E	X	A	A	N	T	C	L	X	A
V	Y	A	L	P	Y	N	O	P	M	S	L	X	Z	R	B
A	K	I	U	Z	V	Q	F	C	V	P	K	K	B	I	E
M	S	E	Z	U	Q	M	F	U	A	M	F	V	G	M	V
K	U	F	A	V	D	G	F	M	S	A	E	E	G	T	S
K	C	R	O	M	Z	R	B	M	T	L	H	U	R	I	E
E	I	O	R	O	M	K	O	I	I	C	X	R	E	H	D
Q	H	W	C	P	X	O	B	N	C	R	K	O	A	S	U
C	W	E	Q	K	Z	I	H	G	X	E	H	P	V	F	C
J	Z	C	K	A	C	V	F	D	U	V	X	H	N	O	E
U	P	M	B	A	V	P	T	Q	M	O	B	I	S	E	X
M	F	M	K	J	T	K	K	G	H	L	H	L	K	C	T
H	L	S	F	R	C	Z	I	H	G	C	J	I	S	E	V
F	J	A	A	I	V	O	T	F	G	D	H	A	J	I	C
K	A	L	D	O	C	X	O	T	G	R	Q	C	V	P	N

Puzzle 64

Clunge

Douche

Feck

Freefuck

Horseshit

Pussyeater

Rosy Palm

Shitbreath

Sucker

Tainted Love

B	V	U	A	I	F	L	V	L	O	C	S	L	Q	B	L
L	T	S	D	F	K	Z	O	F	R	E	G	E	K	O	F
L	K	Z	G	M	C	N	B	Z	E	X	C	W	G	L	G
U	E	A	P	I	U	W	M	S	D	H	S	H	G	T	K
L	H	F	N	J	F	K	A	F	R	X	C	L	O	G	H
L	T	S	V	R	E	V	C	K	N	T	S	U	D	U	O
U	A	U	K	O	E	P	K	E	P	R	B	V	O	T	R
O	E	C	V	C	R	W	D	D	F	C	B	V	L	D	S
K	R	K	M	H	F	D	N	L	L	X	M	F	E	J	E
N	B	E	F	E	V	O	L	D	E	T	N	I	A	T	S
N	T	R	X	H	Q	E	G	N	U	L	C	B	V	D	H
P	I	M	J	J	X	C	F	U	D	C	I	K	K	W	I
B	H	R	E	T	A	E	Y	S	S	U	P	O	H	L	T
N	S	I	A	K	S	E	I	S	M	M	K	X	J	I	E
O	W	C	V	I	E	C	Z	W	W	H	L	M	J	C	J
P	A	M	J	T	Q	R	O	S	Y	P	A	L	M	L	D

Puzzle 65

Arsehole
Bitch
Fanny
Fuckme
Gangbanged
Kootch
Lovemaking
Poon
Scat
Vulva

G	R	O	T	C	U	E	R	Z	A	F	K	C	U	G	C
L	N	Z	I	B	W	D	P	A	X	Q	B	D	S	G	L
N	V	F	P	J	C	E	G	P	J	F	S	H	B	F	W
B	D	Z	U	G	U	G	Q	G	B	W	T	T	I	K	T
D	O	U	Q	N	P	N	D	G	E	I	Y	L	Q	W	Z
P	W	X	Z	I	X	A	U	G	M	N	T	B	L	M	X
I	B	G	P	K	A	B	X	X	N	P	S	C	B	E	U
L	K	C	M	A	X	G	Z	A	M	T	D	W	H	F	A
L	B	S	F	M	N	N	F	S	U	X	H	Z	B	N	N
F	W	D	N	E	V	A	A	R	S	E	H	O	L	E	U
J	U	X	X	V	H	G	D	G	E	C	Q	V	W	S	J
H	K	C	D	O	J	C	C	J	V	B	U	T	T	V	B
I	B	I	K	L	P	C	T	X	X	L	U	A	G	F	Z
G	E	E	D	M	W	K	T	O	V	R	K	C	F	B	Z
W	S	W	R	I	E	W	G	A	O	L	E	S	I	P	J
O	W	Z	I	K	K	O	N	B	K	K	P	O	O	N	Z

Puzzle 66

Aholehole
Bastard
Bullet Vibe
Facefucker
Fuckfest
Naked
Pedophile
Prickteaser
Pussylicker
Strip Club

P	U	S	S	Y	L	I	C	K	E	R	X	Q	G	K	Z
M	R	E	S	E	E	B	I	V	T	E	L	L	U	B	U
Q	S	G	M	W	K	L	P	O	H	T	G	X	B	U	M
I	O	R	N	W	E	E	O	F	R	F	L	P	I	B	O
N	S	E	Q	G	M	A	B	H	E	R	R	T	T	U	Z
S	X	K	O	L	D	E	G	R	E	N	R	N	U	L	S
J	J	C	U	A	J	F	L	B	M	L	T	M	N	C	H
K	I	U	D	N	B	P	F	I	D	P	O	M	W	P	R
R	Q	F	T	G	V	H	W	V	H	E	G	H	G	I	S
V	F	E	Q	X	J	O	S	O	T	P	K	L	A	R	Q
R	N	C	C	D	R	A	T	S	A	B	O	A	S	T	M
H	M	A	F	C	J	I	Q	A	I	E	O	D	N	S	E
F	X	F	N	G	F	J	W	S	P	A	C	Z	E	E	E
W	R	E	S	A	E	T	K	C	I	R	P	J	Z	P	C
N	F	U	C	K	F	E	S	T	D	Q	K	H	B	A	D
C	H	P	W	P	U	G	F	P	S	I	O	B	J	Q	P

Puzzle 67

- Brunette Action
- Camwhore
- Muffdiver
- Pisshead
- Shitbag
- Shite
- Shiteater
- Smegma
- Snot
- Virginbreaker

W	L	V	W	D	H	D	A	E	H	S	S	I	P	L	J
Z	N	V	I	R	G	I	N	B	R	E	A	K	E	R	F
C	S	O	A	L	W	H	T	L	I	A	M	G	E	M	S
I	H	N	I	X	C	D	Q	W	X	R	M	S	U	R	O
K	I	S	V	T	T	B	Z	B	E	X	A	X	Q	R	P
L	T	L	G	N	C	X	W	V	C	F	T	R	Z	X	M
Z	E	K	G	O	I	A	I	V	S	Z	G	X	A	W	D
C	A	B	O	P	D	D	E	P	Q	B	M	S	P	L	V
A	T	O	V	W	F	R	S	T	S	G	N	W	L	R	X
M	E	B	N	F	W	L	N	L	T	K	W	P	O	W	U
W	R	O	U	O	E	H	O	T	W	E	G	U	H	X	P
H	D	M	J	O	T	F	T	R	Z	T	N	B	B	D	D
O	J	E	Z	U	I	L	X	Q	T	X	E	U	Z	K	X
R	M	F	D	G	H	T	Q	G	Q	Z	J	S	R	D	I
E	Q	Z	L	Q	S	O	L	F	J	A	V	P	N	B	A
A	C	C	N	S	G	A	B	T	I	H	S	K	E	U	L

Puzzle 68

- Assart
- Bimbo
- Boner
- Buggery
- Condom
- Dong
- Fingering
- Reverse Cowgirl
- Stroking
- Suckmydick

K	L	R	I	G	W	O	C	E	S	R	E	V	E	R	V
C	W	T	Z	T	E	W	F	Z	V	U	J	U	B	V	W
I	K	Q	A	F	S	T	R	O	K	I	N	G	M	C	S
D	V	S	N	U	R	J	N	H	X	H	B	G	U	O	R
Y	J	S	E	O	G	W	N	B	M	A	B	H	U	N	S
M	Z	K	I	X	T	O	M	D	K	N	A	W	T	D	R
K	G	A	G	R	G	X	P	D	D	S	C	Q	F	O	D
C	N	H	Z	N	L	B	U	C	S	O	W	I	S	M	C
U	B	L	H	K	V	H	W	A	B	T	N	G	U	B	K
S	J	Z	S	J	L	S	R	M	H	G	G	G	Z	J	I
B	H	H	M	D	Q	T	I	C	E	S	G	R	O	R	D
Y	R	E	G	G	U	B	T	R	U	F	W	D	E	U	G
I	M	P	S	Q	J	U	I	C	Z	N	R	N	I	L	A
F	X	R	F	M	M	N	U	W	I	W	O	A	M	U	J
O	L	L	E	S	G	F	Z	Z	C	B	H	S	C	I	F
V	T	H	L	B	H	G	O	Z	P	W	X	R	H	J	P

Puzzle 69

- Babe
- Deepthroat
- Fetish
- Gash
- Lovebone
- Nonce
- Pussylicking
- Quim
- Spooge
- Swallow

L	L	N	R	M	H	B	U	M	D	N	W	W	E	E	F
L	N	I	F	E	T	I	S	H	W	Q	A	Q	F	H	J
P	U	S	S	Y	L	I	C	K	I	N	G	G	T	T	D
W	L	L	M	N	S	F	K	B	G	Z	L	X	A	S	W
T	O	K	Q	Q	U	I	M	K	D	P	V	R	O	N	X
B	X	S	N	H	Z	K	S	V	M	Z	L	Q	R	C	I
I	E	U	B	Q	U	L	E	Q	B	A	O	K	H	R	T
E	D	E	H	Q	E	E	K	N	P	I	E	W	T	G	W
N	Q	S	J	N	G	G	D	K	O	O	J	K	P	Q	O
T	A	X	V	G	J	O	G	O	H	B	D	D	E	W	L
G	C	G	V	I	H	O	J	E	G	E	E	P	E	Q	L
A	L	P	C	G	Q	P	E	E	T	B	C	V	D	Z	A
C	R	A	X	R	A	S	O	K	R	M	L	N	O	E	W
T	J	E	B	A	B	D	Z	H	G	N	B	P	O	L	S
W	Q	R	Q	B	O	F	S	I	W	E	U	A	X	N	D
N	L	D	A	O	F	J	O	J	A	C	M	O	B	S	A

Puzzle Book Heroes

69 Rude Word Wordsearch Puzzles

69 Rude Word Wordsearch Puzzles

Solutions

69 Rude Word Wordsearch Puzzles

Puzzle 1 (Solution)

Word list:
- Anus
- Bosoms
- Clitface
- Dickface
- Doggy Entry
- Fellatio
- Knobrot
- Nipples
- Spadge
- Throating

										B		
									O			
		T	O	R	B	O	N	K		S		
		S	E	L	P	P	I	N		O		
							M					
S	P	A	D	G	E		S					
					F	E	L	L	A	T	I	O
					Y	R	T	N	E	Y	G	G	O	D
					S							E
						U						C
						N						A
							A					F
												K
					E	C	A	F	T	I	L	C	C
		G	N	I	T	A	O	R	H	T		I
												D

Puzzle 2 (Solution)

Word list:
- Coital
- Crotchjockey
- Cumguzzler
- Cuntsucker
- Dipshit
- Humping
- Jerkoff
- Minge
- Randy
- Shitface

		S	H	I	T	F	A	C	E				G
													N
					C	J							I
					O		E						P
		Y		D		I			R				M
		E		I		T				K			U
		K		P		A				O			H
		C		S		L					F		
		O		H								F	
		J		I	R	A	N	D	Y				
		H		T	R	E	K	C	U	S	T	N	U	C
		C											
		T					E	G	N	I	M		
		O											
		R											
		C			C	U	M	G	U	Z	Z	L	E	R

Puzzle 3 (Solution)

Bullcrap

Coitus

Douchebag

Fingerfuck

Libido

Phonesexer

Rusty Trombone

Sexually

Shaved

Sod Off

		F	I	N	G	E	R	F	U	C	K			
					P			C						G
					H			O						A
					O				I					B
					N				T					E
					E				U					H
		D			S								S	C
		E			E	B								U
	F	V			X	U	Y							O
	F	A			E	L								D
	O	H			R	L								
	D	S			A	C								
	O			U		R								
	S		X			A		L	I	B	I	D	O	
			E			P								
	S		E	N	O	B	M	O	R	T	Y	T	S	U	R

Puzzle 4 (Solution)

Doggiestyle

Footfucker

Fuckbrain

Get Wood

Hand Job

Knob

Prick

Queef

Rump

Willy

E													
	L		W									B	
		Y		I							O		
			T		L					N			
R				S	K	L			K				
E					E	C	Y		D	O	O	W	T	E	G
K						I	I							H
C						G	R							A
U							G	P		R				N
F							O		U					D
T							D	M					J
O								P					O
O			Q	U	E	E	F						B
F													
					N	I	A	R	B	K	C	U	F

Puzzle 5 (Solution)

Blow Job

Camslut

Cumfest

Erotic

Goddamnit

Group Sex

Scrotum

Taboo

Titlicker

Titroll

				T			T	U	L	S	M	A	C		
				I											
	G					T									
	R					R		T			B				
	O					O		A	O						
	U					T	L	J	B						
	P				I		W	L		O					
	S	T			T		O				O				
	E		S		L		L								
	X		E	I	B										
			C	F		T	I	N	M	A	D	D	O	G	
		K		M	E	R	O	T	I	C					
	E			U											
R				C											
S	C	R	O	T	U	M									

Puzzle 6 (Solution)

Aholehole

Blonde Action

Fingerfucker

Fornicate

Fuckbag

Rimming

S&M

Titfucker

Wet Dream

Yellow Showers

		N	O	I	T	C	A	E	D	N	O	L	B	
Y	E	L	L	O	W	S	H	O	W	E	R	S		
										M				
										&				
														S
R	E	K	C	U	F	R	E	G	N	I	F			
				F	O	R	N	I	C	A	T	E		
		G		T	I	T	F	U	C	K	E	R		
		N												
		I	A	H	O	L	E	H	O	L	E			
		M	W	E	T	D	R	E	A	M				
		M												
		I		F	U	C	K	B	A	G				
		R												

Puzzle 7 (Solution)

Word list:
- Ass
- Asscracker
- Ball Kicking
- Big Breasts
- Excrement
- Fuckhead
- Nunnie
- Rosebuds
- Shitty
- Splooge

Puzzle 8 (Solution)

Word list:
- Cockrider
- Coochie
- Crapper
- Gooch
- Make Me Come
- Masturbating
- Porn
- Vajayjay
- Wankapin
- Wild Sex

Puzzle 9 (Solution)

Cocks

Crotchrot

Cumqueen

Cuntass

Cuntfuck

Fister

Hooker

Pindick

Pussypounder

Sextoys

	C											
	U			K	C	I	D	N	I	P		R
	N				S	K	C	O	C			E
	T											T
	A				T							S
	S		C		H	O	O	K	E	R		I
	S		U		R							F
			M		H							S
			Q		C		K					E
			U		T			C				X
			E		O				U			T
			E		R					F		O
			N		C						T	Y
											N	S
P	U	S	S	Y	P	O	U	N	D	E	R		U	
												C

Puzzle 10 (Solution)

Bigbutt

Bint

Bum Bailiff

Herpes

Lovegun

Nudger

Poopchute

Pornography

Titjob

Vagina

							T					
						P	I			F		
						O	T			F		
						O	J			I	N	
						P	O			L	U	
					T	C	B	A		I	D	
					T	H		N		A	G	
				B	U	U		I		B	E	H
			I	B	T		G		M	R		E
L		N		G	E		A		U			R
O	T			I			V		B			P
V				B								E
E												S
G											
U											
N											
P	O	R	N	O	G	R	A	P	H	Y		

Puzzle 11 (Solution)

Asshat

Auto Erotic

Blow Me

Clamdigger

Diddle

Dominatrix

Felatio

Hymen

Peepshow

Punani

											F		
											E	E	
											L		
									D		A		
C	I	T	O	R	E	O	T	U	A	D	T		D
					P			I			I		O
		P			U	D					O	T	M
		E				N						A	I
		E					A					H	N
		P							N			S	A
		S						I				S	T
		H			N	E	M	Y	H			A	R
		O		E	M	W	O	L	B				I
		W											X
				C	L	A	M	D	I	G	G	E	R

Puzzle 12 (Solution)

Brown Showers

Crabs

Cunnilingus

Frotting

Kooch

Male Squirting

Milf

Prince Albert

Smackthemonkey

Uptheass

	S	C									S	T		
	M	U								F	R	R		
G	A	N		K					R		E	E		
N	C	N		O				O			W	B		
I	K	I		O			T				O	L	S	
T	T	L		C		T					H	A	S	
R	H	I		H	I						S	E	A	
I	E	N			N						N	C	E	
U	M	G		G							W	N	H	
Q	O	U				S	B	A	R	C	O	I	T	
S	N	S									R	R	P	
E	K					F	L	I	M		B	P	U	
L	E													
A	Y													
M														

Puzzle 13 (Solution)

Barenaked

Doggie Style

Foreskin

Futanari

Intercourse

Jizz

Minger

Semen

Shithole

Twinkie

				E							E	
				L					L		R	
				O				Y	E			
	N				H		T	G	B			
	I					T	S	N	A			
I		K			E	I	I		R			
R			S		I	M	H		E			
A			E	G				S	N			
N			G	R					A		E	
A		O		O					K		I	
T		D			F				E		K	
U						N			D		N	
F		Z	Z	I	J	E					I	
						M					W	
	E	S	R	U	O	C	R	E	T	N	I	T
						S						

Puzzle 14 (Solution)

Booty Call

Bumfiddler

Dick Milk

Dumshit

Feltching

Footjob

Penis

Poontang

Raging Boner

Wanker

		G	N	A	T	N	O	O	P				
	L										D		
	L		R							R	I		
	A	F		E						E	C		
	C	E			L					N	K		
	Y	L			D					O	M		
	T	T				D				B	I		
	O	C			W	I				G	L		
	O	H		T	A		F			N	K		
	B	I		I		N	M			I			
		N		H		K	U			G			
		G		S		E	S	B	A				
				M		I	R		R				
				U		N							
				D	E								
				P	F	O	O	T	J	O	B		

Puzzle 15 (Solution)

Clatterfart

Clit Licker

Cum

Doggyposition

Freaking

Headfuck

Muffdive

Pimp

Ribbed

Shaved Beaver

E					N					
V		K			O		P			S
I		C			I			I		H
D		U		C	T		R	M		A
F		F		U	I		E		P	V
F		D		M	S		K	G		E
U		A			O		C	N		D
M		E			P		I	I		B
		H			Y		L	K		E
					G		T	A		A
					G		I	E		V
					O		L	R		E
					D		C	F		R
	T	R	A	F	R	E	T	T	A	L	C
					D	E	B	B	I	R

Puzzle 16 (Solution)

Balls

Dolcett

Dommes

Footfuck

Fuck Buttons

Pubis

Sexy

Shaved Pussy

Sixtynine

Skankwhore

							D				
						O		B			
					M		A				K
		S		M		L			D		C
	K		E		L			Y	O	S	U
	A	S		S			P	S	L	N	F
E	N	I	Y	T	X	I	S	U	S	C	O	T
	K				B			U	E	T	O
	W			I			P	T	T	O
	H		S				D	T	U	F
	O						E		B	
	R						V		K	
	E		Y				A		C	
			X				H		U	
			E				S		F	
			S							

Puzzle 17 (Solution)

Word list:
- Bunghole
- Cockchafer
- Coprophilia
- Dickbag
- Fart
- Fingerfucking
- Hot Chick
- Munter
- Nudity
- Smartarse

Puzzle 18 (Solution)

Word list:
- Big Dong
- Bigass
- Blue Waffle
- Fanny Blower
- Hardcore
- Jackass
- Panooch
- Playgirl
- Tonguethrust
- Tonguetramp

Puzzle 19 (Solution)

Word list:
- Bazongas
- Bulldyke
- Busty
- Buttcheeks
- Cocknugget
- Cunnie
- Dildo
- Fucking
- Phallic
- Titwank

		S	A	G	N	O	Z	A	B			
			B									
			U								C	E
			L								O	I
			L								C	N
	P	H	A	L	L	I	C		D		K	N
F		Y						Y		S	N	U
U		T						K	K		U	C
C		S					N	E		E	G	
K		U				A	E				G	
I		B			W	H					E	
N				T	C						T	
G			I	T								
		T	T		D	I	L	D	O			
		U										
		B										

Puzzle 20 (Solution)

Word list:
- Babeland
- Ball Gag
- Fuck You
- Giant Cock
- Jaculate
- Muff
- Octopussy
- Skeet
- Slagger
- Topless

			F							
			F						T	
	U				U			O	O	
	O			M			P		C	
Y	G	I	A	N	T	C	O	C	K	L	T
K			E				E		O	
C			E		R	S			P	
U			K		S	E			U	
F			S		E		G	D	S	
B	A	L	L	G	A	G	T	N	G	S
					A	A		A	Y	
					L		L			
				E	U			S		
			B		C					
		A			A					
	B				J					

Puzzle 21 (Solution)

Bareback

Dumbass

Femdom

Fuckface

Git

Shiz

Sucks

Titlover

Weiner

Wetback

								R	E	N	I	E	W
		K											
		C											
			A										
R					B	S							S
E					S	E						U	
V			A			R					C		
O							A			K			G
L		M	K					B	S				I
T		U		C			Z						T
I	D				A		I						
T					B		H						
					T			S					
	E	C	A	F	K	C	U	F	E				
							W						
							M	O	D	M	E	F	

Puzzle 22 (Solution)

Areole

Breasts

Chode

Fingerbang

Knobstick

Pecker

Pussyfucker

Testicles

Titfuck

Wankjob

												S	
G	N	A	B	R	E	G	N	I	F		K	P	
	W								N		E	S	
	A						O				C	A	
	N				B					A	K	E	
	K			S				R		E	R		
	J		T				E			R	B		
	O		I			O							
C	B		C			L							
H		K		E									
O		P	U	S	S	Y	F	U	C	K	E	R	
D		K	C	U	F	T	I	T					
E		S	E	L	C	I	T	S	E	T			

Puzzle 23 (Solution)

Word list:
- Bdsm
- Beaners
- Dicklicker
- Flog The Log
- Fuckbuddy
- Grope
- Nodgecock
- Shittah
- Strap On
- Tongue In A

Puzzle 24 (Solution)

Word list:
- Aktashite
- Barf
- Big Knockers
- Big Titties
- Blonde On Blonde
- Boobs
- Goo Girl
- Moneyshot
- Penetration
- Phone Sex

Puzzle 25 (Solution)

Word list:
- Assapanick
- Booger
- Cunt
- Dangleberries
- Dickslap
- Fistfucked
- Fucknut
- Fuckwit
- Lardass
- Slut

		S	E	I	R	R	E	B	E	L	G	N	A	D	
			D	E	K	C	U	F	T	S	I	F			
						S								A	
					L						F	S			
				U						U	S				
			T						C	A		L			
								K	P			A			
T	N	U	C				N	A		F		R			
						U	N			U		D			
					T	I				C		A			
					C					K		S			
				K						W		S			
										I					
		D	I	C	K	S	L	A	P		T				
		B	O	O	G	E	R								

Puzzle 26 (Solution)

Word list:
- Anal
- Assclown
- Breasty
- Dickhead
- Dingleberries
- Ejaculate
- Fucked
- Fuckpig
- Nsfw
- Tub Girl

										B			
										R			
						W				E			
		A					F			A			
		S						S		S			
		S							N	T			
		C	F	U	C	K	E	D		Y			
		L											
		O											
		W		E	J	A	C	U	L	A	T	E	
		N				L	R	I	G	B	U	T	
		S	E	I	R	R	E	B	E	L	G	N	I	D
			D	A	E	H	K	C	I	D			
	F	U	C	K	P	I	G						
									A	N	A	L	

Puzzle 27 (Solution)

Word list:
- Boned
- Cockapert
- Cottaging
- Crotchmonkey
- Dickwad
- Footlicker
- Menage A Trois
- Missionary
- Punany
- Splooge

Puzzle 28 (Solution)

Word list:
- Asslick
- Gang Bang
- Genital
- Loverocket
- Mattress mess
- Panties
- Sonofawhore
- Tampon
- Tight White
- Upthebutt

Puzzle 29 (Solution)

Word list:
- Buttplug
- Cockblock
- Cockmonkey
- Creampie
- Juggs
- Kinky
- Knobkockey
- Pissing
- Porno
- Scissoring

Puzzle 30 (Solution)

Word list:
- Bicurious
- Buggeration
- Crap
- Dyke
- Gonads
- Masochist
- Meatbeatter
- Nobjockey
- Turd
- VenusMound

Puzzle 31 (Solution)

Bestiality
Big Cock
Blumpkin
Crapola
Dry Hump
Goregasm
Piss
Sexual
Top Bollocks
Turd

		G	O	R	E	G	A	S	M				B	
													I	
											G			
	C	R	A	P	O	L	A				C			
		T								O				
		O						C						
		P	P	I	S	S		K						
		B		D	R	Y	H	U	M	P				
		O		Y	T	I	L	A	I	T	S	E	B	
		L												
		L		S	E	X	U	A	L					
		O												
		C												
		K				N	I	K	P	M	U	L	B	
		S												
								T	U	R	D			

Puzzle 32 (Solution)

Bukkake
Clamdiver
Fuckin
Hole
Kinkster
Pussylips
Shitbrains
Slutwhore
Vibrator
Wanking

		E										
		K				S						H
		V		A		H		G				O
		I		K	I			N			R	L
			B	T	K			I			E	E
			B	R		U		K			T	
S			R		A		B	N			S	
E	P		A			T		A			K	
	R	I	F	U	C	K	I	N	O	W		N
	N	O	L						R			I
S		H	Y									K
			W	S	R	E	V	I	D	M	A	L	C
				T	S							
				U	U							
				L	P							
					S							

Puzzle 33 (Solution)

Baby Batter
Barnpot
Ejaculates
Fuckup
Genitals
Girl On Top
Masturbation
Spunk
Teat
Twat

Puzzle 34 (Solution)

Anilingus
Backdoor
Bloodclaat
Boozer
Deposit
Dik Dik
Fugly
Incest
Motherfucking
Twat

Puzzle 35 (Solution)

Bellend
Bollocks
Cocksucker
Cocksucking
Crappy
Farting
Nymphomania
Penises
Poonani
Postcoital

C												
S	O			G		G	N	I	T	R	A	F
	K	C		N	N	L		I	N	A	N	O	O	P	P
		C	K		Y	I	A								E
	C		O	S		M	K	T							N
	R			L	U		P	C	I						I
	A			L	C		H	U	O						S
	P			D	O	K		O	S	C					E
	P				N	B	E		M	K	T				S
	Y					E		R		A	C	S			
						L				N	O	O			
							L				I	C	P		
							E					A			
								B							

Puzzle 36 (Solution)

Backdoorman
Cuntface
Dendrophilia
Knobend
Orgy
Pubes
Rentafuck
Restraints
Strapon
Tushy

		B		Y		D						
	A	H				N						
	S	C					E					
	U			K				B				
T				D		N			O			
				P	O		O			N		
Y	G	R	O	U			O		P			K
				B				R		A		
				E				M		R		
				S					A		T	
										N		S
		C	U	N	T	F	A	C	E			
	A	I	L	I	H	P	O	R	D	N	E	D
	R	E	S	T	R	A	I	N	T	S		
K	C	U	F	A	T	N	E	R				

Puzzle 37 (Solution)

Word list:
- Areola
- Bodily Fluids
- Bung Hole
- Cornhole
- Erotism
- Jelly Donut
- Lovepistol
- Piss Pig
- Pussyfart
- Shemale

Puzzle 38 (Solution)

Word list:
- Bestial
- Bitches
- Cooter
- Coprolagnia
- Crack
- Fistfuck
- Pussy
- Reefer
- Undressing
- Voyeur

Puzzle 39 (Solution)

Ball Gravy

Cockblocker

Domination

Double Dong

Flasher

Licker

Playboy

Screw

Sleazy

Squirting

		Y			R	E	K	C	I	L			D	
		C	V										O	
	S		O	A									M	
	Q			C	R								I	
	U				K	G							N	
	I					B	L						A	
	R						L	L					T	
	T							O	A				I	
Y	I								C	B			O	
O	N									K			N	
B	G	S	L	E	A	Z	Y				E			
Y												R		
A			R	E	H	S	A	L	F					
L														
P					D	O	U	B	L	E	D	O	N	G
									W	E	R	C	S	

Puzzle 40 (Solution)

Assmonkey

Ball Sucking

Birdlock

Fannyfucker

Fecal

Fingerblast

Knockers

Lovemuscle

Rimjob

Tosser

	B	I	R	D	L	O	C	K						
				F										
			E				A							
		C			B		S							
	A			O		S								
	L		J		M									
		M	O											
	I		N		T	O	S	S	E	R				
R		K												
	E													
Y														
			R	E	K	C	U	F	Y	N	N	A	F	
B	A	L	L	S	U	C	K	I	N	G				
		T	S	A	L	B	R	E	G	N	I	F		
		E	L	C	S	U	M	E	V	O	L			
				S	R	E	K	C	O	N	K			

Puzzle 41 (Solution)

Cumbubble
Doggy Style
Hardon
Masturbate
Pee-Pee
Rearentry
Slag
SonOfABitch
Stroke
Titty

Puzzle 42 (Solution)

Bumblefuck
Bumfuck
Clitoris
Cumdump
Cumslut
DP
Pleasure Chest
Slimeball
Smeghead
Swinger

Puzzle 43 (Solution)

- Booby
- Cuntslut
- Dirty Sanchez
- Foot Fetish
- God Damn
- Mothafucker
- Shrimping
- Tea Bagging
- Tits
- Tongethruster

G	N	I	G	G	A	B	A	E	T		T	I	T	S	
					C	U	N	T	S	L	U	T		
R	E	K	C	U	F	A	H	T	O	M			
			T	O	N	G	E	T	H	R	U	S	T	E	R
			D	I	R	T	Y	S	A	N	C	H	E	Z	N
															M
															A
															D
									Y	B	O	O	B	D
															O
			F	O	O	T	F	E	T	I	S	H		G
S	H	R	I	M	P	I	N	G						

Puzzle 44 (Solution)

- Bastinado
- Beaver Lips
- Boob
- Dingleberry
- Hellhole
- Hentai
- Lovejuice
- Sex
- Suckoff
- Twink

		D	I	N	G	L	E	B	E	R	R	Y	T	
				O								W	
				D								I	
		L				A						N	
			O				N					K	S
			V				I					U	
	E		S		E	X		B	T			C	
		L		P		J	E		O	S		K	
		O		I		U	S		O	A		O	
		H		L		I			B	B		F	
			L		R		C					F	
				L		E		E					
				E		V							
				H		A							
									E				
		I	A	T	N	E	H			B			

Puzzle 45 (Solution)

Blowjob

Cocksuck

Dookie

Explosion

Harder

Love Spuds

Nympho

Rearend

Starfish

Tantra

Puzzle 46 (Solution)

Ball Sack

Bitch Tits

Dick Juice

Dick Scratcher

Hard On

Hooters

Munging

Prostitute

Rectum

Scrote

Puzzle 47 (Solution)

Asswipe

Butthole

Butthole

Cummer

Ecstacy

Eunuch

Fuckers

Fuksheet

Venus Mound

Williewanker

	Y											
W		C		E	U	N	U	C	H			S
	I		A			E	P	I	W	S	S	A	R	
V		L		T								E	
E		E	L		S					K		
N			L	I		C			C			
U				O	E		E		U			T
S				H	W		F					E
M					T	A						E
O		R				T	N					H
U		E					U	K				S
N		M					B	E				K
D		M	E	L	O	H	T	T	U	B	R		U
		U										F
		C										

Puzzle 48 (Solution)

Beatyourmeat

Bitchy

Chesticles

Coffin Dodger

Flatulence

Jailbait

Motherfucker

Sadomasochism

Snatch

Suck

							Y				
C		S	A	D	O	M	A	S	O	C	H	I	S	M
O			R							C		
F		C		E							T	
F			H		K					T		I
I				E		C			A			B
N					S		U			E		E
D	T					T		F	M		C	
O	I				S	I	R	R		N		
D	A			U		U	C		E		
G	B		C		O			L		H	
E	L		K		Y		U		E	T	
R	I		T			T			S		O
	A		A			A	H	C	T	A	N	S	M
	J	E			L						
	B			F							

Puzzle 49 (Solution)

- Barely Legal
- Bondage
- Dike
- Fucktards
- Gay Sex
- Golden Shower
- Schlong
- Sexing
- Sodomy
- Testicle

Puzzle 50 (Solution)

- Cohones
- Coochy
- Hell
- Hookers
- Jackoff
- Lady Squirting
- Shagging
- Sodomy
- Threesome
- Thrusting

Puzzle 51 (Solution)

- Bloody
- Cuntfucker
- Erection
- Feltcher
- Fistfucker
- Nymph
- Shag
- Shitter
- Smeg
- Urethra Play

Puzzle 52 (Solution)

- Ball Licking
- Bullshit
- Camgirl
- Feltch
- Fisting
- Shitbag
- Smartass
- Tit
- Titwanker
- Upskirt

Puzzle 53 (Solution)

Clit

Cumshot

Girl On Girl

Lameass

Pedobear

Peehole

Pinkoboe

Pisspig

Urinate

Wang

Puzzle 54 (Solution)

Apeshit

Aroused

Beaner

Beaver Cleaver

Bitchslap

Cumshot

Cyberfuck

Donkey Dick

Flange

Whore

Crack Wax

Dreamhole

Escort

Fistfucking

Ganja

Lickme

Lingerie

Shaven Haven

Spread Legs

Violet Wand

Puzzle 55 (Solution)

							E			E			G	S
E	I	R	E	G	N	I	L	M		E	E		A	P
							K		L	S			N	R
	S						C		O	C			J	E
	H						I		H	O			A	A
	A						L		M	R				D
	V								A	T				L
	E								E					E
D	N	A	W	T	E	L	O	I	V	R				G
	H									D				S
	A		F	I	S	T	F	U	C	K	I	N	G	
	V				C	R	A	C	K	W	A	X		
	E													
	N													

Asscock

Baby Juice

Bugger Off

Buggered

Limpdick

Muffdiving

Nude

Nutsack

Pissed

Snowballing

Puzzle 56 (Solution)

				P	I	S	S	E	D			K		
D											S	C		
E	N						K		N			O		
R	U					C		O				C		
E	T				I		W		E			S	B	
G	S		G		D		B		C			S	U	
G	A		N	P		A			I			A	G	
U	C		M	I	L				U				G	
B	K		I		L	V			J				E	
		L		I		N	I		Y				R	
		N			U		D		B				O	
		G			D			F	A				F	
					E			F	B				F	
									U					
										M				

Puzzle 57 (Solution)

Asshole

Assmunch

Bigger

Clusterfuck

Oral

Pussylover

Smut

Sodomise

Tied Up

Wet Panties

	C	L	U	S	T	E	R	F	U	C	K		W		
									P				E		
									U			A	T		
						R			S	S		P			
					E				S			H	A		
				G				H	Y		C	N			
			G			O			L		N	T			
		I			L				O		U	I	L	P	
	B			E					V		M	E	A	U	
S	O	D	O	M	I	S	E		E		S	S	R	D	
				T					R		S		O	E	
				U							A			I	
				M										T	
				S											

Puzzle 58 (Solution)

Big Tits

Guro

Homoerotic

Minge

Penile

Prickfeeler

Shithead

Shithouse

Shittiest

Two Girls

									C			
									I			R
S			S						T			E
T			H		D		G	U	R	O		L
I			I		A				R		T	E
T			T		E	S			E		W	E
G			T		H	H			O		O	F
I			I		T	I			M		G	K
B			E	E	I	T			O		I	C
			S	L	H	H			H		R	I
			T	I	S	O					L	R
				N		U					S	P
				E		S						
				P		E	G	N	I	M		

Puzzle 59 (Solution)

Arse

Beef Curtains

Boobyalla

Crotch

Cunny

Frigging

G Spot

Lovegoo

Tessers

Wetspot

							Y	B	F					G
T					N		E	R				S		
E				N			E	I			P			
S			U				F	G		O				
S		C					C	G	T					
E	E						U	I						T
R		S					R	N					A	O
S			R				T	G				L		P
		O		A			A				L			S
		O					I			A				T
		G					N		Y	H				E
		E					S	B	C					W
		V					O	T						
		O				O	O							
		L			B	R								
					C									

Puzzle 60 (Solution)

Blow Your Load

Bugger

Butt

Damn

Fuck Off

Omorashi

Pegging

Sadism

Sexhound

Titties

B														
	U								B					
		T						U						P
	B		T				G					E		
	L					G					G			I
S	O				E					G				H
E	W		D		R				I					S
I	Y		N			N	M	A	D	N				A
T	O		U					G						R
T	U		O											O
I	R		H											M
T	L		X											O
	O		E											
	A		S	F	U	C	K	O	F	F				
	D													
			M	S	I	D	A	S						

Puzzle 61 (Solution)

- Cow
- Crackwhore
- Ejaculation
- Horniest
- Jerk Off
- Lolita
- Nipple
- Shit
- Skank
- Well hung

Puzzle 62 (Solution)

- Assbag
- Beaver
- Cumjockey
- Dicksneeze
- Fuck
- Jism
- Knobbing
- Lubejob
- MeatFlaps
- Swallower

Puzzle 63 (Solution)

Axewound
Bazooms
Clover Clamps
Cock
Cumming
Dick
Piece Of Shit
Ponyplay
Seduce
Urophilia

	D	N	U	O	W	E	X	A				
	Y	A	L	P	Y	N	O	P		S		
								C		P		
								U		M		
K							M	S	A			T	S
	C							M		L		U		I	E
		O					O	I		C		R		H	D
			C			O		N		R		O		S	U
				Z				G		E		P		F	C
				A						V		H		O	E
			B							O		I		E	
					K					L		L		C	
				C						C		I		E	
				I								A		I	
			D											P	

Puzzle 64 (Solution)

Clunge
Douche
Feck
Freefuck
Horseshit
Pussyeater
Rosy Palm
Shitbreath
Sucker
Tainted Love

				K								
			C				E					
			U			H						
H			F	K				C			H	
T	S		E		C				U		O	
A	U		E			E				O	R	
E	C		R				F			D	S	
R	K		F								E	
B	E		E	V	O	L	D	E	T	N	I	A	T	S
T	R			E	G	N	U	L	C			H	
I												I	
H		R	E	T	A	E	Y	S	S	U	P		T	
S													
					R	O	S	Y	P	A	L	M	

Puzzle 65 (Solution)

Arsehole
Bitch
Fanny
Fuckme
Gangbanged
Kootch
Lovemaking
Poon
Scat
Vulva

Puzzle 66 (Solution)

Aholehole
Bastard
Bullet Vibe
Facefucker
Fuckfest
Naked
Pedophile
Prickteaser
Pussylicker
Strip Club

Puzzle 67 (Solution)

Brunette Action
Camwhore
Muffdiver
Pisshead
Shitbag
Shite
Shiteater
Smegma
Snot
Virginbreaker

					D	A	E	H	S	S	I	P	
	N	V	I	R	G	I	N	B	R	E	A	K	E	R
	S	O							A	M	G	E	M	S
	H	I						R					
	I		T				E						
	T			C		V							
	E			A	I								
C	A			D	E								
A	T			F	S	T							
M	E		F		N		T						
W	R		U		E	O		E					
H		M			T	T			N				
O					I					U			
R					H						R		
E					S							B	
					G	A	B	T	I	H	S		

Puzzle 68 (Solution)

Assart
Bimbo
Boner
Buggery
Condom
Dong
Fingering
Reverse Cowgirl
Stroking
Suckmydick

K	L	R	I	G	W	O	C	E	S	R	E	V	E	R
C														
I					S	T	R	O	K	I	N	G		C
D														O
Y														N
M									A					D
K							D	S			F		O
C							S	O		I			M
U						A	B		N				
S					R	M		G		G			
					T	I		E				R
Y	R	E	G	G	U	B		R			E		
						I				N		
					N				O			
				G				B				

Puzzle 69 (Solution)

Babe
Deepthroat
Fetish
Gash
Lovebone
Nonce
Pussylicking
Quim
Spooge
Swallow

			F	E	T	I	S	H				
	P	U	S	S	Y	L	I	C	K	I	N	G		T	
														A	
				Q	U	I	M							O	
														R	
						E								H	
			H		E		N						T		W
		S		G				O					P		O
	A			O			B						E		L
G				O			E	E					E		L
				P					C	V			D		A
				S						N			O		W
	E	B	A	B									O	L	S
													N		

Puzzle Book Heroes

69 Rude Word Wordsearch Puzzles

Made in the USA
Columbia, SC
25 November 2024